科技成果转化的六大关键

赵 峰 罗林波◎著

華中科技大學出版社
http://press.hust.edu.cn
中国·武汉

图书在版编目(CIP)数据

科技成果转化的六大关键 / 赵峰，罗林波著. -- 武汉 ：华中科技大学出版社，2024. 7. -- ISBN 978-7-5772-0748-3

Ⅰ. F124.3

中国国家版本馆 CIP 数据核字第 20240UK951 号

科技成果转化的六大关键 赵 峰 罗林波 著

Keji Chengguo Zhuanhua de Liu Da Guanjian

策划编辑：胡业频 金美含

责任编辑：张利艳

封面设计：刘 卉

责任校对：程 慧

责任监印：曾 婷

出版发行：华中科技大学出版社(中国·武汉) 电话：(027)81321913

武汉市东湖新技术开发区华工科技园 邮编：430223

录 排：华中科技大学惠友文印中心

印 刷：武汉市洪林印务有限公司

开 本：889 mm×1194 mm 1/32

印 张：10.5

字 数：178 千字

版 次：2024 年 7 月第 1 版第 1 次印刷

定 价：49.00 元

导　　言

作为一名科技部门的行政管理人员，我从事科技成果转化的管理和服务工作已经有十多年，我十分热爱这份工作。我认为所有的科技创新都是围绕科技成果转化进行的，虽然大家对这个概念的外延和内涵还有很多争议。比起空泛地谈论科技成果转化的“达尔文海”“死亡之谷”等理论，我宁愿去帮助一些具体的成果或项目走出实验室，对接企业，争取市场。本书的首要目的是希望帮助那些正走在科技成果转化道路上的朋友抓住实践中比较重要的节点，在操作层面增加一些思考、掌握一些方法。

在科技成果转化方面，没有纯粹的专家。具体从事这项工作的大多是技术专家或企业家，他们可以根据自己的技术、成果、产品讲出很生动的故事，却无法上升到理论高度，而进行理论探讨、规律总结的往往是那些从事管理和服务的专家学者。这是一个很奇怪的现象，有点“会做的不会说，会说的不会做”的感觉。

理论指导和具体实践之间的脱节，在工作中也是常见的。主要是因为成果转化的个性化程度很高，成功案例相对较少，很难得出普遍性的规律。此外，由于积累的时间不够长，还没有足够的案例和数据来支撑理论的发展。这有点类似中医理论，总体上似乎都能用“阴阳、寒热、虚实”概括，但面对个体的疾病时，还需要根据情况进行辨证施治，即使有成方，也要根据实际病情对药物进行加减变化。

近几十年来，我国开始重视科技成果转化，虽然在政策理论和实践操作层面都进行了一定的思考及探索，但往往还是停留在相对抽象的层面，一到具体地区、具体行业、具体项目，就难以深入下去。我们必须努力找出一些能在实践中具体指导工作并灵活运用的规律，不一定要多“高大上”，只要能给从事科技成果转化工作的广大同仁提供一些启示就是十分不错的。我们共同肩负起这个使命。

2011 年，经过公开选拔，我被任命为武汉市科技局副局长，一转眼，已经有十三年的时间了。经过这十多年的学习、思考和积淀，我从对科技创新、成果转化感到十分陌生，慢慢有了一些心得体会，经常也是不吐不快，陆续在不同的杂志上发表了十几篇原创文章，谈谈自己观察到的一些现象、体悟到的一些观点。

同时，我也有机会去高校、科研院所和科技型企业进行调研，并与大量的科技工作者、企业家和相关服务机构的人员深入交流。在交流的过程中，我听到了太多酸甜苦辣的故事、失败和成功的案例，深刻地感受到科技创新与成果转化的不易与艰辛。在交流中，我会坦率地提出建设性的意见，并通过对方的反馈来验证自己的所思所想是否正确。有时，我也会将这些案例写入相关的文章中，与大家分享。

虽然做了这么多工作，但我仍觉得自己的观点、想法零散不成体系，总想着应该静下心来认真梳理一下这十多年的心得，为正在从事或今后要从事科技成果转化工作的同仁提供一些帮助，或许可以让他们更快地进入状态，少走些弯路。

武汉市在科技成果转化方面还是有一定基础的。我国于 1996 年颁布实施《中华人民共和国促进科技成果转化法》，明确了定义和实施方法，科技成果转化开始在科技工作中凸显，但未配套具体的操作办法，各地进入了一个独自探索的过程。为此，武汉市成立了相应的科技成果转化机构，鼓励技术交易和共性技术推广，将科技成果转化工作纳入科技系统的重要工作内容。同时，武汉市通过项目支持或组织活动的形式，边做边观察、思考。

在这个过程中，武汉市做了几件有影响力的事情。

首先，武汉市在2012年率先出台了《市人民政府关于促进东湖国家自主创新示范区科技成果转化体制机制创新的若干意见》(武政〔2012〕73号，简称“黄金十条”)，提出“开展国有知识产权管理制度改革试点，在汉高校、科研院所知识产权1年内未实施转化的，在成果所有权不变更的前提下，成果完成人或团队可自主实施成果转化。转化收益中至少70%归成果完成人或团队所有”。这在科技成果“三权改革”的体制机制探索中取得了突破。其次，武汉市还出台了《市人民政府关于进一步加快科技成果转化的意见》(武政〔2012〕95号)，以强化技术市场能力建设为抓手，鼓励技术交易。这使得武汉市的技术合同登记额迅速增长，很快位居全国第二，提升了武汉市在全国的影响力。

我进入科技系统后，就一直分管与科技成果转化相关的工作。我从科技成果转化的概念定义、历史沿革、法律法规方面开始接触、了解这项工作，并逐渐形成了对如何做好科技成果转化工作的见解和认识。虽然对我个人来说，这是个全新的领域，但要做、可做的事很多，各方期盼也很多，于是我就从信息推送、校企对接等最基础的工作做起。在积累经验的同时，我对到底如何做好科技成果转化工作也开始形成了一些自己的见解和观点。2014—2015年，我先后发表了《强化综合集成

和信息推送　促进武汉科技成果转化》《走出认识误区　促进成果转化——浅谈科技成果转化中的几个误区》《大力培育发展科技中介机构　促进武汉创新驱动战略实施》三篇文章。从那时起，我对既有意义又有意思的科技成果转化工作产生了浓厚的兴趣与感情。

这一时间，刚好也赶上全国科技成果转化的热潮。2015 年，《中华人民共和国促进科技成果转化法》进行了大幅修订，在法律层面推进了科技成果使用权、处置权和收益权改革。次年，国务院出台了《实施〈中华人民共和国促进科技成果转化法〉若干规定》，国务院办公厅印发了《促进科技成果转移转化行动方案》，至此，科技成果转化“三部曲”成型。这极大地调动了各高校、科研院所的积极性，一时间，各地纷纷出台相关的激励政策。

当时，湖北省也涌现出一批对科技成果转化有深度思考的人，从不同的维度积极发声。在此期间，各方面的交流互动十分频繁，我十分感谢湖北省科技厅的郑春白、武汉大学的赵龙飞、中部知光技术转移有限公司的罗林波、武汉光电工业技术研究院的韩道、武汉发明协会的晏文临等朋友们，他们都是有思想的人，一边为科技成果转化的创新改革鼓与呼，一边积极实践，给了我很多启发。

2017 年，武汉市科技成果转化局成立，可谓是又一个体制机制创新的新举措，从更高的层面来整合资源和推动转化，将武汉的科技成果转化推向一个新的高潮。

我有幸在其中负责具体的协调推动工作，与高校、企业和中介服务机构进行了大量交流与沟通。一时间，各种思想的碰撞激发出了更多火花，使我对科技成果转化工作有了更全面、更深入的思考，并结合实际撰写了几篇文章，如《高校科技成果转化源头供给问题及对策——以武汉为例》《不同导向的科技成果转化及其路径选择》《科技成果转化有关实践性问题的思考》等。所有的工作积累都不会浪费，朋友们对我的实践体悟给了很多好评。

武汉在掀起了“高校科技成果转化对接工程”热潮的同时，也加强了与各地的交流。我与西安、南京、成都的科技部门都进行过深度的沟通交流，交换了很多宝贵的经验和方法。2018 年，我在上海交通大学参加了专题班学习，眼界进一步放开，也真正体会到科技成果转化不能单一地推动，而应该放在科技服务业的大背景、大环境中去推动，要体系化地解决其中的困难和问题。党的第十九届五中全会提出的一些新的观点和理念也让我受到启发，结合武汉市打造科技成果转化高地的“十四五”规划建议，《强化成果转化服务　促进融通创新发展》《武汉市科技成果转化高地该如何打造》这两篇文章便应运而生。或许是因为对科技成果转化工作的感情十分深厚，不管是文件、报纸还是微信朋友圈的信息，只要涉及科技成果转化，都容易打动我，让我朝着进一步融合、应用的方向去思考、行动。

2020年，我的分工调整为分管科技金融和企业培育工作，这让我换了一个角度去看科技成果转化，感觉又有所不同。和市场离得更近，我会更多地从需求端去考虑一些科技成果转化问题，对具体项目给出的建议的实操性就更强一些。还是跟以前一样，我忍不住要将这些想法梳理、表达出来，于是就有了《用产品化的理念做好科技服务》《关于科技型企业发展阶段划分与创新要素匹配的思考》《科技风险投资，需要更多新型投行》等文章，这算是跳出来看科技成果转化了。之前我在科技成果转化工作中积累的经验和资源，对于推动科技金融和企业培育工作是十分有益的，更重要的是，将几方面结合起来，也是我心之所向，力之所为。

“十年磨一剑”，热爱能克服更多困难。出于对科技成果转化的热爱，我总是想为之多做点什么。一直以来，不管我在什么岗位上，只要遇到高校、科研院所、企业或中介服务机构提出的与科技成果转化相关的问题，我都会认真给出建议，并尽力提供帮助。

前段时间整理发表的文章，我突然产生了将过去十多年的所思所得结集成书的念头。一方面，可以将自己近些年零散的思考进一步系统化，更好地指导具体工作；另一方面，也可以与从事科技成果转化的同仁进行探讨，让我们在理论指导和实践探索中多几个视角、多一些维度。这也是我为我们国家的科技创新贡献一份微薄力量的方式。

本书的第二作者罗林波博士长期从事高校科技成果转化工作，是战斗在一线的科技成果转化人员，在科技成果转化方面拥有丰富的实践经验。我们经常保持着对科技成果转化的热烈讨论与交流，共同探讨工作中面临的问题和困难。罗博士对工作的深度思考，让他在科技成果转化这个圈子里有很高的美誉度，并多次应邀为科技部、教育部的科技成果转化创新改革之举建言献策。本书特邀请罗博士从科技成果转化实操落地的角度，对我的观点进行点评和补充，让读者可以从多个角度来理解、评判，对科技成果转化形成更准确、客观和全面的理解。

在本书的出版发行过程中，中部知光技术转移有限公司给予了大力支持与帮助，特别感谢邓云云、马仕成、余健、迟峰、胡頔、程玲，以及湖北省扬子江影音有限公司的罗琦在书稿编辑整理、图表绘制、出版发行等方面付出的努力与汗水。

希望读者朋友不吝赐教，多提宝贵意见，交换真知灼见，共同为我们仍在不断探索中的科技成果转化贡献力量！

赵　峰

2024 年 5 月

关于本书

关于科技成果转化政策理论层面的探讨，已经有很多专家学者参与其中，如上海的吴寿仁老师便是其中的翘楚。他比较系统地从科技成果转化的法律法规、推进途径、实施通道和相关调研案例等方面进行了深入研究，著作等身，一直是这个领域的领头人，为这项伟大的事业作出了不少贡献。

我撰写本书的角度略有不同：一是从科技管理者的角度，致力于将国家、省、市的宏观文件转化为具有可操作性、可执行性的具体任务，并发现其中存在的问题，探讨解决的路径和方法；二是从资源要素的角度出发，考虑要做好一件事应该整合哪些基本资源，如何去获取和利用这些资源；三是从实践的角度，探讨有哪些成功的做法、哪些好的案例值得借鉴。书中大部分案例都是我经历过的、接触过的、比较熟悉的人和事，此外，也采用了一些广泛传播的案例。本书尽量采用通俗易懂的语言，让科技成果转化成为大家可理解、能参与、不再神秘的事业和工作。

本书的第一章主要讲认识、讲定义、讲观念，希望改变很多人谈起科技成果转化就面临概念不清、范围不明、导向不确定的问题，让大家能够就具体的成果，从专业角度来分析科技成果的边界、阶段和价值。

第二章讲信息化，这是科技成果转化非常重要也非常困难的一个环节。基础数据采集困难、标准化困难、精准推广更困难，而这些又恰恰是人们特别想突破的障碍，努力的人虽多，但经验比较有限，在互联网时代怎么做好信息化是值得思考的关键点。

第三章讲创新平台，这既是资源相互融合的形式，也是整合资源的必要方法，整体提高科技成果转化效率离不开平台建设。本章列举了一些相关平台，也算是一种资源梳理。从平台自身角度，要做好建设与运营；从使用者角度，要学会去借力。

第四章讲人才，对从事科技成果转化的人才做了一个简单分类，希望帮助具体工作的人找准自己的定位，以发挥自己的优势。此外，本章还探讨了人的激励与合作，这是政策层面比较难以量化的一个方面，需要深入研究。

第五章讲商业运营，这是科技成果转化过程的一个短板，是从实验室阶段到市场阶段的巨大转变。拥有商业思维、做好商业规划，是从事科技成果转化工作的必备技能，需要不断学习。

第六章讲金融资本，这是证明科技成果转化取得成功的一种标志，也是推动转化的强大力量。与国外相比，我们还有很大的提升空间，大家都抱着很高的期望。因此，本章强调了金融资本的重要意义，也讲了一些注意事项，以期把事做好。

将以上六点定为科技成果转化的关键也许不一定合理，但根据我多年的工作实践和思考，围绕这六个方面去研究政策、分析问题、突破障碍，是会有一定的效果的。

特别说明，在本书每一节的后面，邀请罗林波博士从科技成果转化实操落地的角度进行了点评和补充，以期促进观点碰撞，激发思想的火花。

目　　录

第一章
形成正确的认识

马克思的认识论指出：认识的两次飞跃，第一次是从感性认识到理性认识的飞跃，第二次是从理性认识到实践的飞跃。了解、学习、把握任何事物，都不能违背这一规律，科技成果转化也不例外。仅从字面上理解，科技成果转化并不深奥，但要抓住其特点与重点，落实好具体工作，就需要先从主观的感性认识入手，找到其中一些共性的问题和原则，再进一步去指导科技成果转化的具体实践和行动。

第一节　科技成果转化是我国的特有名词

“科技成果转化”，在《中华人民共和国促进科技成果转化法》中被定义为：“为提高生产力水平而对科技成果所进行的后续试验、开发、应用、推广直至形成新技术、新工艺、新材料、新产品，发展新产业等活动。”

“科技成果转化”一词的历史并不长，脱胎于“技术转移（Technology Transfer）”这个词。在国外的科技工作中，更常见、用得更多的是“技术转移”“技术商业化”这两个词，它们是国际上比较通用的概念。我国在20世纪80年代引入了“技术转移”的概念，在《国家技术转移示范机构管理办法》中对其进行了准确定义：“技术转移是指制造某种产品、应用某种工艺或提供某种服务的系统知识，通过各种途径从技术供给方向技术需求方转移的过程。”

1993年,《中华人民共和国科学技术进步法》中首次出现了"科学技术成果的商品化"这个提法。1996年《中华人民共和国促进科技成果转化法》则明确地对"科技成果"和"科技成果转化"进行了定义。此后,"科技成果转化"成为我国科技工作的专有名词。

可以看出,"科技成果转化"和"技术转移"两个概念在文字表述上存在一定的差异。科技成果转化侧重的是从研发到形成收益的活动,而技术转移更加侧重供需双方之间的转移交换过程。相比之下,"科技成果转化"的定义包括技术转移的内容,而"技术转移"的定义则不能完全涵盖科技成果转化的内容。不过,在很多具体工作中,这两个词经常混用,没有进行严格的区分。

学者们对这两个概念的异同进行了深入论述,认为它们的关系非常密切,对我国科技管理的学术理论研究具有十分重要的意义。我个人认为,科技成果转化的理论在不断充实完善之中,且这些概念上的差异并不影响具体的实践,积极吸纳国内外各种先进经验,有利于形成适应不同地区实践需求的方法和路径。

从发展历史上来看,无论是科技成果转化还是技术转移，都不得不提到美国的《拜杜法案》和《史蒂文森·维德勒技术创新法案》。1980 年，里根政府为缓解经济滞胀，放松对经济的管制，允许大学、中小企业和非营利机构等对政府资助下的科研成果拥有知识产权，并通过技术转移以专有或非专有方式授权给企业。这一法案迅速推动了大学科研成果的商业化，并影响了全球科技创新改革。

同时期，我国也刚好开始了改革开放进程。我们以极强的学习能力，快速推动我国的科技体制机制改革。为了解除高校、科研院所、企业和科技人员的束缚，国家采取了财政、税收、金融等扶持措施，先后于 1984 年制定了《中华人民共和国专利法》，1987 年制定了《中华人民共和国技术合同法》。1988 年邓小平同志提出了"科学技术是第一生产力"著名论断，随后，国家于 1993 年制定了《中华人民共和国科学技术进步法》，1996 年制定了《中华人民共和国促进科技成果转化法》。一系列法律法规的出台推动了科技创新的快速发展，随着我国经济社会的快速发展，这几部法律法规又经过了多次修订，以更好地适应发展形势的需要。

在此后的十多年里，我国的科技创新经历了一个大的跨越式发展阶段。1995 年，我国提出了“科教兴国”战略，要求增强国家的科技实力和科学技术向现实生产力转化的能力，提高科技对经济的贡献率。在此期间，“211 工程”“973 计划”“985 工程”和“中国科学院知识创新工程”相继实施，逐步形成了以企业为主体、市场为导向、产学研相结合的技术创新体系，并逐步建立了技术咨询、技术转让等技术社会化服务体系。此外，国家还出台了系列支持自主创新的财税、金融和政府采购政策，但科技与经济发展“两张皮”的体制机制问题仍然比较突出。

2015 年，《中华人民共和国促进科技成果转化法》进行了修订，次年，国务院出台了《实施〈中华人民共和国促进科技成果转化法〉若干规定》，国务院办公厅出台了《促进科技成果转移转化行动方案》，至此，科技成果转化“三部曲”形成了完整的政策支撑体系。随后，科技部、教育部、财政部、税务总局等部门陆续从加强高校科技成果转化、税收优惠政策、事业单位人员创业、示范基地机构建设等方面出台了专门政策措施，进一步细化、深化实施科技成果转化，推动全国的科技成果转化不断前行。

2020 年，科技部等 9 部门印发了《赋予科研人员职

务科技成果所有权或长期使用权试点实施方案》，赋权改革进入试点阶段，标志着我国已经开始进入探索科技成果所有权改革的深水区。

罗博士有话说

概念辨析：成果转化、技术转移与知识产权运营

客观、准确地认识和理解一项工作，是科学、合理地做好这项工作的前提。本节从基本概念出发，阐述常见的约定俗成的概念，非常重要。

因为工作关系，我既从事高校、科研院所科技成果转化工作，又从事国际技术转移工作。我发现“成果转化”这个词是中国特有的名词，欧美国家一般使用“技术转移”“技术商业化”这两个词语。

另外，我跟高校、科研院所、科技管理部门、知识产权管理部门都打交道，发现各部门做的工作都是科技成果转化这件事，但各个部门叫法不一样。高校、科研院所一般更多地使用“科技成果转化”这个词语；科技管理部门使用“技术转移”一词居多，但也会使用“科技成果转化”一词；而知识产权管理部门一般使用“知识产权运营”“专利转化运用”等词；另外，发展改革委一般使用“创新创业”一词；工信（经信）部门使用“转型升级”“技改”等词语，这些词语都与科技成果转化有一定的关联。但“科技成果转化”“技术转移”与“知识产权运营”这几个常用的词语之间是什么关系？我整理了一张表格供大家参考。

知识产权运营、技术转移及科技成果转化之间的关系分析

	知识产权运营	技术转移	科技成果转化
工作对象	知识产权：专利、版权、商标等有产权的成果。	技术类成果	科技成果：包含技术、知识产权，也包含非技术成果和没有产权化的成果。
工作内容	运用法律，经营权利，如许可、转让、作价入股、质押融资、证券化等。	技术所有权发生转移，如从高校院所转移到企业，从A地转移到B地。	科技成果转化为产品，如产学研合作转化、企业孵化（创业）。
使用场合与使用案例	国内知识产权行业，如知识产权运营体系建设。	国际通用；国内科技界。如《国家技术转移体系建设方案》。	国内新闻界、法律界。如《中华人民共和国促进科技成果转化法》。
主要差异	1. 工作对象不同：一个成果，可能是技术，也可能不是技术；可能有产权，也可能没有产权。 2. 工作内容不同：伴随着技术转移有知识产权运营，也有纯商贸化的知识产权交易；转移不一定转化，转化也不一定转移。		

从表中可以看出，国内法律界、新闻界使用“科技成果转化”一词较多，科技部门使用“技术转移”一词较多，知识产权部门则更多地使用“知识产权运营”一词。然而，不管用哪个名词，其核心都是表达科技创新成果的转移转化，即把技术变成产品，实现产业化，从而改善人民群众的物质生活。

第二节　要对转化的"科技成果"进行界定

一般地讲，科技成果是指人们在认识自然和改造自然的活动中，经过实验研究、设计试制或调查考察后，所得到的经过鉴定的、具有学术意义或实用价值的创造性结果，包括发明、发现、技术进步以及技术改造方面的内容。

早在1978年，国家科学技术委员会出台了《科学技术研究成果的管理办法》，将科技成果大致分为三类：一是科学技术成果，即自然科学方向的具有创造性的理论研究成果；二是技术成果，即生产多快好省的新技术、新方法、新产品、新工艺；三是重大科学技术研究项目的阶段性成果。

而《中华人民共和国促进科技成果转化法》第二条明确指出，"本法所称科技成果，是指通过科学研究与技术开发所产生的具有实用价值的成果"。因此，仅具有

学术意义的科技成果不在科技成果转化的范围内。从具体工作的推动层面来看，这使科技成果认定的边界更为清晰，有利于政策措施的实施，在操作过程中也可进一步阶段化、量化。

为了在工作中更好地认识什么是具有实用价值的科技成果，并进行客观的描述和佐证，我们可以使用科技部《科技成果登记办法》中关于应用技术成果的规定，即办理应用技术成果登记应提供“相关的评价证明（鉴定证书或者鉴定报告、科技计划项目验收报告、行业准入证明、新产品证书等）和研制报告；或者知识产权证明（专利证书、植物品种权证书、软件登记证书等）和用户证明”。

另外，根据《最高人民法院关于审理技术合同纠纷案件适用法律若干问题的解释》中对“技术成果”的定义，即技术成果是指“利用科学技术知识、信息和经验作出的涉及产品、工艺、材料及其改进等的技术方案，包括专利、专利申请、技术秘密、计算机软件、集成电路布图设计、植物新品种等”。

这些产权化的依据使得对科技成果的界定更客观、更有说服力，便于在实践中对科技成果进行统计、分析和评价。同时，在推介科技成果的过程中，建议尽量使用这些具有权威性的证明来表达成果的新颖性、先进性和实用价值。

这里需要指出几个普遍存在的对科技成果转化的认识偏差。

一是很多文章和报告中经常提及的“科技成果转化率”的问题。这些文章煞有其事地给出一些数据，证明国外的科技成果转化率较国内的高。其实，国内外并没有权威机构发布此数据，而且，由于国内外关于科技成果转化的定义、概念存在一定的差异，成果也涉及高校、企业等不同单位，底数很难摸清，随意引用数据有时会误导相关工作。

二是“科技成果”这个词在有些场景中被泛化使用，很多人将一个想法或一篇论文看作是一个可转化的科技成果。对于哪些科技成果转化应该支持，哪些是服务的重点，每个人都有评论的权利，每个人都可以发表一番见解，但这种非专业性的表述导致大家很难在一个层面上对话，给科技成果转化的具体推进工作带来了困惑和迷茫，甚至影响到政策的制定和实施。

三是很多地区将工作重点仅仅聚焦于高校、科研院所的科技成果转化，认为只有此类科技成果才有创新性、颠覆性的价值，对大量的企业研发成果缺少关注。

实际上，从市场需求出发、企业自行研发或联合研发的科技成果，针对性更强，转化效率更高，对推动地区的高质量发展更有意义。这一观点在我发表的《不同导向的科技成果转化及其路径选择》一文中有所表述。

2014 年，我在《走出认识误区　促进成果转化——浅谈科技成果转化中的几个误区》一文中也专门表达了这些观点：科技成果包含科学成果和技术成果两部分，不包含软科学成果。一种错误的认识是将所有的成果混为一谈，如将一般性的论文、基础研究成果、软科学成果等也算在科技成果范围内，进而认为我国科技成果转化率低，从而否定科研工作近年来取得的巨大进步；另一种错误的认识是将科技成果严格地界定在经法定部门认可的成果范围内，即没有鉴定证书、知识产权证书，它就不属于科技成果，这种错误认知容易导致科技成果转化可作为的空间不大，也容易导致对科技成果的应用盲目乐观。

因此，针对具体的科技成果转化工作，建议将其工作范围明确界定在能产生实用价值的科技成果内，便于全社会对科技成果的认识能相对统一，也有利于下一步的交流、评价和交易，从而更好形成合力，推动科技成果向纵深转化。

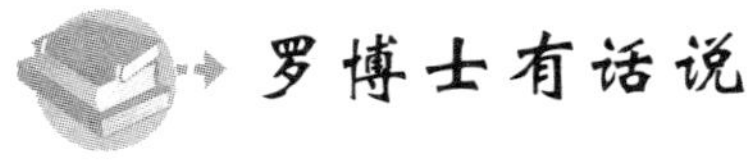

“科技成果转化率”是一个伪概念

我完全认同本节的观点,“科技成果转化率”不是一个科学的、严谨的提法。因为要计算科技成果转化“率”,必须有分母和分子,分母是科技成果的总数,分子是转化成功的科技成果数量,分子除以分母,才能得出科技成果转化率。然而,国家统计局、科技部、知识产权局、教育部和中科院等部门都没有明确的统计办法和统计数据,无法准确反映中国高校、科研院所的科技成果数量,更别提准确的转化了的科技成果数据了。

在科技成果转化实践过程中,我们经常看到媒体报道一些政协委员、专家和领导的观点,声称我国科技成果转化率不高,远低于美国。这其中就涉及对科技成果和科技成果转化的理解问题,由于理解存在偏差,这些不科学的甚至是错误的观点才得以在社会上广泛流传。

首先,“科技成果”这个概念本身就十分宽泛。一篇论文可以算科技成果,一份新冠病毒的防治指南也可以算科技成果,不同的部门、不同的人理解都不一样。

其次,对“科技成果转化”的理解也千差万别。专利许可、转让和作价入股当然算科技成果转化,但技术咨询、技术服务、技术开发也可以算广义上的科技成果转化。根据《中国科技成果转化年度报告2022(高等院校与科研院所篇)》,3649家高校、科研院所科技成果转化的金额为1581亿元,其中以技术开发、咨询、服务方式转化的科技成果金额为1354亿元,以专利转让、许可和作价投资方式转化的科技成果金额为227亿元。从该报告中可以看出,技术咨询、技术服务、技术开发也被纳入了科技成果转化的范畴,并进行了数据调查与统计。

因此,不要用“科技成果转化率”这个词来评价科技成果转化的效果,如果非要用数据说话,建议采用“专利实施率”或者“发明专利实施率”等数据来源可查的指标,如专利的许可、转让、作价入股、质押融资情况等。

此外,对于科技成果转化工作,我同意本节的观点,我们科技管理部门或技术转移工作者应该着眼于实用价值,不要过度扩大工作范围。特别是工作对象不应只限于高校和科研院所,从企业自身需求出发的科技成果转化也十分有意义。

第三节 科技成果转化是一个过程

科技成果转化的目的是提高生产力水平，其过程包括后续试验、开发、应用、推广，其结果是要形成新技术、新工艺、新材料、新产品，最后要形成新产业。可见，科技成果转化一直要到形成新产业阶段才能算真正意义上的成功。这个过程中充满着非常多的不确定性，每个环节、每个阶段都需要大量投入和整合资源，尤其是其间还横亘着从基础研究到应用研究的“魔川”、从实验室成果到产品形成的“死亡之谷”，以及从商品生产到大规模产业化之间的“达尔文海”，这些都是科技成果转化所面临的挑战和必经的阶段。

从下图可以看出，科技成果转化不是一蹴而就的事，不仅过程很漫长，而且有其内在的规律。因此，在具体工作中将科技成果转化只当作一个单纯的行为或专门强调某个节点的重要性都是不可取的，只有系统全面地看待和思考科技成果转化，才能避免政策制定和实际推进中的盲目性。

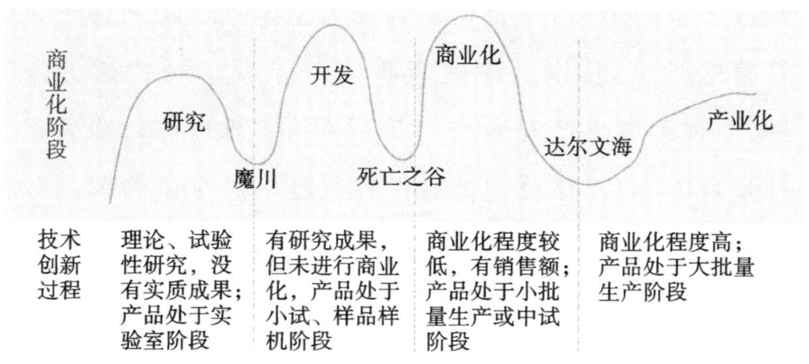

科技成果转化一般过程

尽管失败的风险很高，但试验、开发、应用、推广每个阶段的投入和进步都有其意义和价值，哪怕最后证明该成果转化缺乏市场可行性，也能提供一种思路和方式，让后续研究人员少走弯路。更何况很多技术和成果过于超前，需要等待市场等各方面条件成熟后才能大面积推广，需要“天时”“地利”“人和”的统一。因此，科技成果转化不能急功近利，我们要像对待其他新生事物一样，给予其更多的宽容和耐心。

武汉有一个案例是关于华中农业大学谢老师的马铃薯种苗脱毒技术。该技术停留在实验室阶段十多年，直到谢老师的一位做农业投资的学生了解到这项技术的潜力，联合几家投资公司与华中农业大学于2008年6月共同组建了湖北凯瑞百谷农业科技股份有限公司。经过多年的努力，该公司发展成为全国唯一的马铃薯试管薯生产企业，以及湖北省唯一一家获得马铃薯原原种、原种种薯生产经营许可证的单位（湖北省马铃薯良种繁育中心）。该公司拥有世界上唯一一个试管薯高效生产技术发明专利，但在实验室技术转化过程中也遇到了很多难题和挑战。例如，由于需要进行大规模的种苗脱毒，无法使用实验室中的细小试管，因此，在生产环节公司开发了多种工艺，如将器皿改良成外方内圆的大型玻璃培养皿，以便于堆放和清洗，同时还对成本进行控制，让脱毒的种苗与市场上未脱毒的种苗价格基本持平。目前，该公司的马铃薯种苗以产量高、品质优、种类丰富的优势占据了国内约70%的马铃薯种苗市场，对湖北省及全国马铃薯产业的发展起到巨大的推动作用。该公司不但成功地转化了谢老师的成果，做大做强了马铃薯种苗产业，而且后期与谢老师团队在技术创新方面有了更多的合作。

“工欲善其事，必先利其器。”为了更好地理解科技成果转化的阶段性，可以用技术成熟度分级的方式来划分，这样能够使非专业人士更客观地把握不同阶段科技成果转化的特点并有针对性地进行相关工作。技术成熟度（Technology Readiness）的概念起源于 20 世纪 70 年代的美国航天航空局，主要是用来衡量技术满足预期产品应用目标的程度。而技术成熟度评价，则是确定装备研制关键技术，并对其成熟程度进行量化评价的一套系统标准、方法和工具。1995 年美国航空航天局起草并发布技术成熟度等级白皮书，将技术成熟度划分为 9 个等级。

技术成熟度 1 级——基本原理被发现和阐述：提出应用该技术的基本原理，或者沿用已有原理，作为提出应用设想的基础。

技术成熟度 2 级——形成技术概念或应用方案：基于基本原理，提出或者确定可以实际应用的设想，但是还没有进行试验或者详细的分析。在该等级，所提及技术的应用是具有投机性的，在逻辑或推理上具有开展工艺技术试验或研究的可能性，最终的工艺技术应用仍具有随机性，实现过程可能存在尚未估计到的重大障碍。

技术成熟度 3 级——应用分析与实验室研究，关键功能可行性在实验室中验证：进行试验或分析，验证应用设想的可行性。开始开展研究和开发活动，其中包括采用理论研究和实验室研究初步验证应用设想的可行性或者是技术各独立部分的分析预测。在该等级，可确定满足工艺技术指标的研究方案，并具有在实验室开展验证工作的可行性，可达到单项或少部分关键技术指标的要求，试验结果仍存在一定的不确定性，不存在重大的原理性技术障碍。

技术成熟度4级——实验室原理样机、组件或实验板在实验室环境中验证：通过试片或试验件，对产品或关键技术进行试验验证，为继续开发的可行性提供初步判断。在该等级，在实验室环境下，对工艺试验结果的成功率具有相当大的把握，全部关键技术指标已接近实际要求，部分关键性技术指标已经达到实际要求。

技术成熟度5级——完整的实验室样机、组件或实验板在相关环境中验证：通过典型件，在中逼真度模拟环境中，对产品或关键技术进行试验验证，大部分功能和技术指标基本满足实际要求。在该等级，技术的成熟度有显著提高，所提出的技术在接近实际的模拟环境中进行验证，并已具有一定的适应性和稳定性，大部分功能和技术指标满足实际要求，并可以通过改进方法进一步提高。

技术成熟度6级——模拟环境下的系统演示：通过缩比件（含1∶1件），在高逼真度模拟使用环境中，对产品或关键技术进行试验验证，全部功能和技术指标满足要求，并且具备在真实生产环境下开展工程应用验证的可行性。

技术成熟度 7 级——真实环境下的系统演示：通过工程样机，在尽可能接近实际使用的环境中，对产品或关键技术进行试验验证。在该等级，工程样机尽可能接近实际生产要求，对产品或关键技术进行试验验证，全部功能和技术指标满足要求，并且具备在实际使用环境中进行测试和验证的可行性。

技术成熟度 8 级——定型试验：技术完工并且经过测试验证，在实际使用环境中，产品或关键技术达到稳定状态，没有出现明显问题。在该等级，不再有大的研发需求，在实际使用环境中的测试验证没有出现明显的问题，全部关键技术指标已达到，可完全满足生产要求。

技术成熟度 9 级——运行与评估：产品或关键技术已投入生产使用，技术指标全部满足要求，具备稳定的生产能力和客户服务能力。

技术成熟度的 9 个等级中涉及科技成果的研究、实验、模拟与工程化、产品化等问题，一般认为第 5 级以后的成果已具备一定的实用性，适合进一步开发应用与转化。技术成熟度的 9 个等级的表述中并未涉及产品化之后的市场化和产业化的问题，与科技成果转化全过程略有区别，但对我们更理性地认识科技成果并掌握其转化规律很有帮助，可以避免对科技成果转化的盲目乐观或消极等待，从而能一步一个脚印地做好每个阶段的转化工作。比如，武汉工程大学将学校的科技成果梳理后，对每个成果都标明了技术成熟度，以便于和企业进行对接。

由于科技成果转化过程很长，不同阶段的要求也会有很大变化。在早期阶段，对科技成果的要求往往只是创新性和先进性，但到了产品和市场阶段，则会有更多的要求，比如工艺、成本、生产装备、与上下游配套等方面的要求。某个人或某个团队往往只能主导转化过程中的一个环节或一个部分，因此我们有必要将科技成果转化的阶段进一步细分，让专业的人来做专业的事，以更好地加速科技成果转化的进度。早期国家布局了工程中心、重点实验室等平台，现在各地出现了许多概念验证中心、产业技术研究院、研发型企业等新机构，这些平台和机构从某种程度上聚焦于科技成果不同阶段的转化。这是我国科技创新体系不断成熟和进步的表现，也是科技成果转化进一步细化分工、有效合作的表现。在第三章，我再做详细说明。

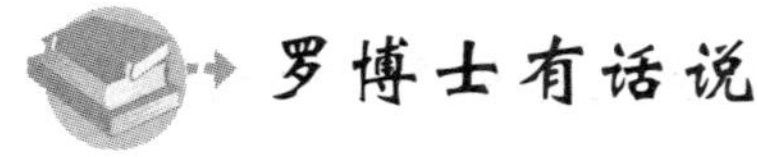

科技成果转化服务是一个链条

从技术研发到科技成果转化，站在管理服务的角度，我觉得可以分为三个阶段：技术研发、知识产权保护与转移转化服务。整个过程及对应的科技成果转化服务如下图所示。

技术研发、科技成果转化与产业化过程示意图

第一阶段：搭建研发平台，集聚研发队伍，开展技术研究与开发、样机研制等工作。

第二阶段：把创新的科技成果对应的技术进行知识产权保护。

第三阶段：把保护好的科技成果以合理的价格和适当的模式转移转化出去。

这三个阶段，仅仅是让科技成果走出了校园门，走出了试验平台，走进了广阔的市场竞争环境，后面还有一系列的围绕市场化、产业化进行的科技创新，这部分在后面几章再专门讨论。科技成果转化是一个过程，对应地，科技成果转化服务也不是一件事情，而是一个完整的服务链条。科技成果转化服务需要根据买家和卖家的不同目的和需求，提供对应的服务。像和农民做生意一样，如果农民只是想买种子，就卖种子给他；如果他想买棵小树回去自己种，那就卖小树苗给他。同理，如果是企业老总需要一些技术来提升自己的产品，那我们就找高校、科研院所对接产学研项目；如果是一个投资者想找产业化程度较高的项目来直接投资，那我们就提供对应的有基础的、公司化运作的项目供他选择。

例如，中国地质大学（武汉）环境学院的在校生P博士开发了一项水矿化相关的创新技术。为了全面保护这一科技成果，他所在的团队依托学校知识产权与技术转移中心成功申请了6件专利。随后，在学校孵化平台的支持下，该团队获得了100万元的投资，并顺利成立了一家企业，迈出了产业化进程的第一步。经过前期的大量咨询和辅导，我们帮助该企业找准了定位，使其业务范围从最初的净水器整机设计、研发、销售调整为只做矿化滤芯，发挥自己的优势做好最强点。后期，学校进一步协助该公司对接海尔战略资源，帮助其获得海尔资本650万元的投资，使企业走上发展运营快车道。

总之，对应科技成果转化的不同阶段，提供对应的专业服务，是科技成果转化管理工作者与服务机构应该细致考虑的事情。大家不要只从自己的角度出发，过度地强调、突出自己的职责，那样只能是盲人摸象、自说自话；而要从系统的角度来看待科技成果转化过程，发挥自己的最大优势，提供对应每个阶段的最佳服务，如知识产权、概念验证、小试中试、产学研对接、产业孵化、投资等，共同服务好科技成果转化项目。

第四节 科技成果价值谁说了算

科技成果的评价一直是一个难题。为了正确判别科技成果的质量和水平,促进科技成果的完善和科技水平的提高,加速科技成果推广应用,1987 年国家科学技术委员会发布了《中华人民共和国国家科学技术委员会科学技术成果鉴定办法》。该办法提出,由科技行政管理机关聘请同行专家,对计划内的应用技术成果,按照规定的形式和程序进行审查和评价,作出相应的结论并颁发科学技术成果鉴定证书。具体方法包括检测鉴定、会议鉴定、函审鉴定三种。无论采用哪种方式,虽然得出的结论比较客观公正,但都只能对成果的创造性、先进性和成熟程度进行定性的评价,而对成果的应用价值、推广条件和前景缺乏方向性的判断,已经越来越不适应现代科技成果转化中具体的技术转让、作价入股、委托开发的需求,因此,2016 年该办法被废止。

2015年修订的《中华人民共和国促进科技成果转化法》第十八条规定："国家设立的研究开发机构、高等院校对其持有的科技成果，可以自主决定转让、许可或者作价投资，但应当通过协议定价、在技术交易市场挂牌交易、拍卖等方式确定价格。"

2021年国家专门就科技成果评价出台了《国务院办公厅关于完善科技成果评价机制的指导意见》，在主要工作措施中指出："应用研究成果以行业用户和社会评价为主，注重高质量知识产权产出，把新技术、新材料、新工艺、新产品、新设备样机性能等作为主要评价指标。不涉及军工、国防等敏感领域的技术开发和产业化成果，以用户评价、市场检验和第三方评价为主，把技术交易合同金额、市场估值、市场占有率、重大工程或重点企业应用情况等作为主要评价指标。""健全协议定价、挂牌交易、拍卖、资产评估等多元化科技成果市场交易定价模式。"

从科技成果评价政策的转变可以看出，在新的历史发展阶段，用户评价、市场定价将逐渐成为常态。

尽管国家层面对科技成果转化的管制在逐渐放松，但科技成果评价在具体操作中依然存在很多障碍，我在

2018 年发表的《高校科技成果转化源头供给问题及对策——以武汉为例》一文中也提到了这个问题。大部分高校、科研院所的科技成果都属于国有资产，在执行层面的政策冲突较多，导致很多协议定价流于形式，经常需要参照协议价再进行评估，耗时耗力。有些地区甚至还出现了高校老师因嫌麻烦而与企业进行私下交易，导致后期纠纷不断的情况。

例如，2017 年财政部出台的《财政部关于〈国有资产评估项目备案管理办法〉的补充通知》，虽然出发点是为了进一步提高科技成果转化效率，简化科技成果评估备案管理，但在其中仍然强调，“相关部门和单位在行政事业单位国有资产管理检查工作及资产评估行业监管工作中，要依法依规加强对科技成果资产评估项目备案情况的监督检查，切实防范国有资产流失”。这种表述使得很多事业单位仍然面临着一系列令人困扰的问题，比如：科技成果转化究竟价值几何？转化后大幅增值是否导致国有资产流失？高校、科研院所有多大的自主决策权？不同部门和单位对此的理解和认知的不一致，导致了不同的部门和单位处理科技成果转化的方法和程序差距很大。

当然，也有很多地方政府主动作为，比如，天津市围绕高校科技成果作价投资、科技成果评价、技术产权股权挂牌交易等工作，组织编制了 13 项系列操作指引，让政策更具有操作性。也有些高校思想比较解放，勇于改革，如湖北工业大学，2020 年被列入赋予科研人员职务科技成果所有权或长期使用权试点单位，十分支持教师进行科技成果转化，对学校职务科技成果“统一赋权”，使成果完成人（团队）与学校共同拥有所有权和长期使用权，双方均可单独或联合对成果进行处置。其中不但没有评估备案等约束，甚至对部分项目给予配套支持。2022 年，陕西大胆突破，不再将省属高校职务科技成果纳入国有资产管理体系，以作价入股等方式转化职务科技成果形成国有资产的减值及破产清算，不纳入国有资产保值增值管理考核范围。

从科技成果转化工作者的角度来看，科技成果与其他有形资产不同，应该被视为一种特殊的国有资产，不适合与其他国有资产一同管理考核。换一个角度来说，“发展是硬道理”“发展是第一要务”，因此科技成果实现转化是第一位的，要努力把蛋糕做大，让科技成果实现真正的增值。我们不能因为担心国有资产流失等而设置过多约束的条款，害怕担责，将科技成果束之高阁才是对国有资产的巨大浪费。

政策的障碍是一点一点被破解的。例如，2017年颁布的《上海市促进科技成果转化条例》明确规定“除涉及国家秘密、国家安全外，不需行政机关审批或者备案”。2019年财政部对《事业单位国有资产管理暂行办法》也进行了修改，增加了第五十六条：“国家设立的研究开发机构、高等院校对其持有的科技成果，可以自主决定转让、许可或者作价投资，不需报主管部门、财政部门审批或者备案，并通过协议定价、在技术交易市场挂牌交易、拍卖等方式确定价格。”虽然将评估的权限下放到了基层，但还是要求各单位通过制度规定予以规范，因此，很多单位在科技成果作价投资入股时依旧设定了评估程序。实际上，投资的价格是谈出来的，也是建立在协议定价的基础上的，为了应对未来的产权交易等问题，套用传统的评估方式也是无奈之举。这表明科技成果评价是一个系统工程，相当多的配套环节还不成熟，需要政策与执行层面的协同努力，根据实践不断进行调整。相信在不久的将来，科技成果的市场定价、协议定价能形成一系列完整且成熟的规章制度。

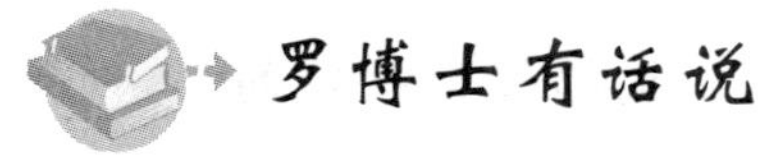

罗博士有话说

科技成果价格不是评出来的，而是谈出来的

一项科技成果或者一件专利值多少钱？价格如何决定？由谁决定？是由评估机构来评估确定价格吗？

我们都知道，价格是由商品的价值决定的，并受市场供求关系的影响。但科技成果是一种特殊的商品，其对不同的企业和买主的价值可能都不一样，甚至同一个买主在不同的时间段对其估价都不一样。

举个例子，一项关于图像画质改善的技术，对从事显示器生产的 A 企业很有用，正好解决了该企业的技术难点，因此 A 企业老总愿意出高价购买这项成果；然而，对从事医药产业的 B 企业来说，该成果可能毫无价值，因为 B 企业老总根本就不关心这个领域的产品与技术。

另外，对于 A 企业来说，可能这个月急需该成果，企业老总愿意出高价买入；但如果下个月 A 企业已经找到更好的替代方案，采用了其他技术路线，那么该成果对 A 企业的价值就大打折扣，即使以较低的价格出售，A 企业可能也不再感兴趣。

因此，科技成果的价格，既取决于其内在的价值，也受市场博弈的影响。科技成果的价格不是由买方或卖方单方面决定的,也不是由评估机构评估确定的。

高校、科研院所等科技成果的卖方要想卖出高价钱,可以提升科技成果的价值,如进行更多的小试、中试,让技术更成熟,或者拓展应用领域,提升市场价值,当然也可以寻找更多的买家,使自己在价格谈判时处于主动地位。而企业等科技成果的购买方,如果想以更低的价格买到某项技术,可以货比三家,找到更多的技术供给方,在价格谈判时提高主动性。

价格确定的过程一般是这样的:(1)买卖双方达成初步意向;(2)买方、卖方各自提出一个价格,可以自行估计,也可以请第三方评估机构协助评估出一个初步价格;(3)双方谈判决定价格,可能需要反复多轮谈判;(4)双方达成共识,交易成功,或者达不成共识,交易失败。

评估方法一般有成本法、市场法和收益法等方法,很多情况下评估机构会综合使用这些方法对科技成果进行评估。但评估机构得出的结论往往也只能作为参考,因为买卖双方还要考虑后续的开发投入、持续跟进的服务价值及市场化后的利益再分配等多种复杂因素。往往需要多轮谈判才能确定一个双方都能接受的价格,而且现在很多成果交易也不是一锤子买卖,而是分阶段按成效支付、按产品销售提成或以技术入股形式进行，都不是简单的买卖关系，涉及更多的谈判。

总之，如果涉及高校、科研院所等国家设立的科研机构的职务科技成果，且成果评估符合其单位国有资产管理规定，那么该成果的交易就是合理合法的，就不存在任何问题。高校、科研院所的科研人员应放下包袱，打消顾虑，同时也要学习一些谈判技巧，促进实验室里的成果早日在生产线上发挥其应有的价值。

第二章
掌握足够的信息

“万事开头难”，我们对科技成果的理性认识逐渐清晰以后，科技成果转化的第一步就是掌握准确的科技成果信息。这个问题看似简单，但在实践操作中，工作难度远远超出我们的预料。从可知性、真实性、精准性的基本要求来看，我们掌握的信息离满足广大企业的需求还有很大的距离。

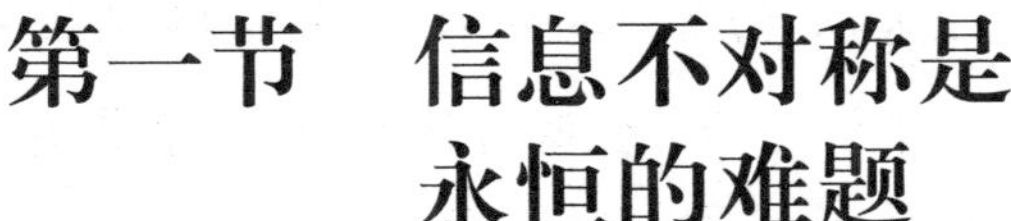

第一节　信息不对称是永恒的难题

信息不对称理论是由三位美国经济学家——约瑟夫·斯蒂格利茨、乔治·阿克尔洛夫和迈克尔·斯彭斯提出的，是指在市场经济活动中，各类人员对有关信息的了解存在差异，掌握信息比较充分的人往往处于优势地位，而信息贫乏的人则处于劣势地位。从该理论可以看出，充分掌握信息是市场主体的共性需求。在科技成果转化与经济活动联系越来越紧密的今天，我们也充分认识到，相较于其他的社会经济活动，科技成果转化中的信息不对称问题更为明显。

这种信息不对称表现在多个方面，第一种不对称表现为供需信息不对称。我参加过很多校企对接活动，其信息不对称程度远远超出人们的想象。高校、科研院所的供给端展示的是单一的技术或成果，并使用非常专业的术语进行描述；而企业需要的是系统的解决方案或性能达到一定水平的产品，还有市场同类产品的对比数据。初次对话交流时，双方往往都不在一个层面上。有时，为了了解对方的需求，双方需要经过反复多次的实地调研和面对面交流，才能为达成合作铺平道路。

如果对接活动前期准备不充分，双方领域差别比较大，不同专业之间的对话有时简直就是“鸡同鸭讲”，令人十分头痛。这种尴尬场面我也经历过，比如当别人介绍光电转换或生物细胞靶点之类的内容，以及一些细分领域的应用技术时，我就犹如听天书一般。但懂行的专家和企业则会就具体的参数和指标频频发问，交流十分顺畅。

很多时候，科技成果的推介者需要通过各种形象的比喻和反复的问答进行沟通，才能让受众理解。应该说，所有的科技成果转化都是在特定的对象中进行的，这就给从事管理的人带来了一个难题：科技成果的供需信息应该表达到什么程度才合适？基于此，我在《科技成果转化有关实践性问题的思考》一文中曾提出，应对科技成果做一些通俗化的解读，并提出了一些具体的操作办法。这是一项基础性的工作，谁来解读，怎样解读，解读到什么程度，都需要在实践中进行探索。总的来说，虽无一定之规，但总的原则是应由懂行的人解读、应有公益支持、应区分对象来解读。

需求方的信息,必须是真实有效的企业需求或者行业的共性需求。这些需求信息越明确越好,最好能量化,并能准确描述应用场景和与之适配的器件。如果能标注合作方式和后续研发投入的金额,将更利于与技术成果供给方达成一致。很多大企业在这方面的做法已经非常成熟,如华为每年都会发布大量的外协合作项目,这种企业主导的"揭榜挂帅"模式已经在各地广泛推行。尤其对大型的龙头企业来说,上下游产业链比较长,企业会安排专门的部门梳理技术需求、产品创新需求,同时还有投资部门跟进,进行一些参股和并购的工作,将成果深度绑定。然而,对很多中小企业来说,要掌握他们明确的需求,仍然需要通过深度的交流进行启发和引导,再梳理细化,这样才能对外发布。

第二种不对称表现为渠道信息不对称。由于科技成果的专业性及受众的有限性,在很长的一段时间内,科技成果转化都是依靠"熟人引荐"或"业内传播"进行的,直到现在,这种信息渠道仍然发挥着很大的作用。然而,随着行业交叉融合、快速发展,企业转型升级的需求不断提升,传统的信息传播方式已经远远不能满足社会需求。

高校、科研院所"不接地气",没有掌握企业发展的真实需求；企业研发力量薄弱，想寻找新的成果技术却苦于和高校、科研院所“搭不上话”。“两张皮”的现象历来被描述成制约科技成果转化的主要因素之一，那么这居间的渠道信息由谁来提供，由谁来保障呢？普遍的观点是大力培养技术经纪人，但目前的培训仍是大学授课式的，只是一些政策和工作技巧的传授。真正的技术经纪人是需要有大量的信息资源和很强的专业评判能力的，同时还要具备一些企业管理运营、股权结构设计、商务谈判技巧等实践经验。目前，我国在这方面还相当不成熟，尤其是技术经纪人的收益缺乏保障，使得现阶段真正意义上的技术经纪人还很少。

不过各地政府也在尝试用公益的方式去弥补这一角色的不足。例如，2016 年出台的《国务院办公厅关于深入推行科技特派员制度的若干意见》，有利于通过公益性的服务促进部分农业科技成果转化。一些地区和高校的“科技副县长”“科技副总”选派等制度，也有利于信息渠道的畅通。武汉市科技局从 2020 年开始，向各高校派驻专人担任科技成果转化联络员，努力畅通供需双方的信息渠道，促成了不少科技成果的对接转化，得到了高校和企业的好评。此外，还有希望通过互联网平台来解决渠道信息不对称的思路，我在下一节中会单独讨论。

第三种不对称是相关配套信息的不对称。科技成果转化粗看是供需双方的事，只要双方达成一致，离成功就不远了。但正如我在前一章中提到的，技术成熟度分为 9 个阶段，是一个综合、复杂的体系化过程，每前进一步都不容易，都需要更多的技术团队参与和相关工程实验技术的支撑，最后的成功是多方合作共赢的结果，这些配套信息的完整准确也是科技成果转化的基本要求。

比如：生产的小样和样品到哪里检测？新药的临床试验和哪家医院合作会更快取得进展？有没有相匹配的上下游供应链？是不是风险投资关注的赛道？等等。然而，这些信息往往都被忽略，只有碰到障碍时才会意识到，这使得科技成果转化之路变得更加艰难而漫长。

如武汉大学的张俐娜院士，早在 2012 年，她的原创性成果“水体系低温溶解纤维素和甲壳素”就获得了国际纤维素与可再生资源材料领域的最高奖。这项成果通过绿色无污染的方法提取纤维素和甲壳素并制备新材料，能够解决纺织行业人造丝高污染的问题，市场前景非常广阔。该项成果先后与江苏和湖北的相关企业合作进行中试及产业化，但由于丝的强度不够，难以市场化，两次合作均未能继续下去。直到 2018 年，张院士及其团队与四川大学高分子材料工程国家重点实验室开展合作，将丝的强度提高了一倍，满足了产业化的需求，才最终与成都丽雅纤维股份有限公司达成了实质性合作。从该案例我们可以看到，即使在科研体系的相近领域中，信息不对称的情况依然十分严重。

我们必须正视这个现实，信息不对称的情况始终会存在于科技成果转化的全过程。但越是信息不对称，我们越要想方设法去获取更多、更全面的信息，最大限度地去减少转化过程中的风险和不确定性，在尊重客观规律的同时，积极化解科技成果转化中的难题。

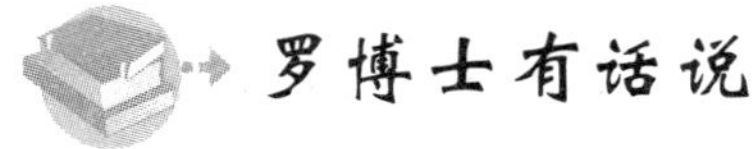

解决客观的信息不对称问题可以靠技术手段，疏通人为的堵点必须靠机制创新

诚如本节所述，科技成果转化的供需与配套信息很难完全对称，甚至可能永远存在信息不对称的情况。这种信息不对称按其原因划分，可以分为两类：一是由客观原因导致的信息不对称；二是由人为原因造成的信息不对称。

第一类客观原因导致的信息不对称，主要是源于高

校、科研院所与企业之间的空间隔离，导致彼此不熟悉、不了解，从而产生供需信息不对称的问题。如技术提供方可能是位于武汉的某高校，而技术需求方则可能是位于长三角地区的某企业，双方相隔千里，过去不认识，以后也可能没有机会相识。针对这种客观原因导致的信息不对称，我们可以采取一些技术手段，如建设线上服务联络站点等，开展产学研对接活动、项目推介会、项目路演和需求发布会等，来解决这个问题。

第二类人为原因造成的信息不对称，主要是供需双方或者中间环节的各方意见无法达成一致。究其原因，主要是缺少利益驱动机制和信息安全保障机制的支撑。举例来讲，各地方都有一些技术交易市场和平台，但当地的高校和企业并没有把科技成果或技术需求信息发布到这些知名平台上。高校认为这对自身帮助有限，企业可能担心技术需求信息泄露，服务机构则担心共享信息后无法获得收益反而为他人作嫁衣。在我看来，对于这些深层次的保守、封闭、僵化的意识，需要加大破除力度。针对这一类主观原因造成的信息不对称问题，除了建立线上线下对接平台与渠道外，更重要的是设计合适的信息分享机制、利益分配机制及法律保障机制。在国外，高校、企业和技术转移机构的协议受法律保护，并且他们能严格按照协议分配利益，这种主观原因造成的障碍就少了很多。

因此，要加强信息系统建设，同时也要加强成果转化服务链条建设，只有线上信息交流渠道与线下服务链条都建设好了，信息不对称的问题才能解决。

第二节　淘宝化的理想实现并非易事

随着信息技术的发展，互联网信息更易获取，交流沟通也更加便捷，行业效率大大提升。尤其在淘宝网等购物平台进入千家万户以后，由于其具有操作简便、图像直观等特点，人们想要什么、要找什么，只要输入关键词，花点时间，就能获取心仪物品的信息，购买后还能送货上门，比在实体店购物更优惠、更方便。同样，互联网技术也给科技成果信息化带来无限的希望。有了网络，我们是不是可以解决科技成果信息不对称的问题呢？

很多从事与对接和交易有关的工作的人都喜欢拿淘宝网来作类比，我们从事科技成果转化的同志也不例外，估计很多人有过这样一个梦想："我们要让科技成果转化像在淘宝网购物一样方便。"理想很丰满，现实却很骨感。在我从事科技成果转化工作的这十多年中，领导要求过，很多同行努力过，但都无法实现。结合自己在科技成果信息化方面的工作经验，我对此事的总体感受是:科技成果借助互联网可以提升一定的转化效率,但倘若有人希望通过一个淘宝化的过程完成科技成果的转化,则说明他没有真正掌握科技成果转化的规律。

首先,从信息化的对象上看,两者区别很大。

淘宝网上基本上是成熟且标准化的商品,大小、形状、颜色和价格等信息十分清晰明了,并且对成分、功能和使用方法也有详细的说明。此外,我们还可以找到同类商品进行比对,通过量化的数据来挑选自己最满意的商品,并顺利完成交易。因此,淘宝网的商品要从不同角度进行全面展示,展示越充分,越容易让顾客了解商品的特色与优势,从而吸引顾客下单。可以这样说,越是容易标准化的产品和行为,就越容易被信息化、被机器替代、被互联网化。

然而,科技成果是不成熟的、非标准化的产物,很难用简单的文字、图片或视频进行全方位描述,特别是在原理或技术的创新点上,还有很多未知性,需要不断地改进、调整、磨合。在确定科技成果的价格时,往往也很难找到合适的参照物。同时,科技成果的信息大多涉及专利和同行竞争,不宜在公开的网络上将成果的创新点和技术秘密完全展示出来。

尽管两者存在很多差异,但淘宝网对商品的展示、分类和搜索，还是有很多地方值得借鉴。我们可以探索更多科技成果信息化展示的手段，比如视频直播、图片演示、相似推荐、拍照搜索等方法，帮助实现对科技成果的线上查找、对接，以及上下游沟通。

其次，从信息化的效益分析，两者差异很大。

淘宝网上的商品追求销量和销售额，一款衣服可以卖出几百件甚至上万件，是一种重复性高的工作。购物在我们生活中天天发生，属于高频事件，淘宝网只是将我们线下的购物行为搬到了线上。通过淘宝网，交易双方可以直接沟通，极大地减少了中间环节，信息交流更方便，再加上线上支付和越来越完善的物流系统，使得买卖效率大大提高，实现了多方共赢，这是信息化改变生活的典型案例。

科技成果转化不同于单纯的买卖交易，虽然各方面都在努力加快科技成果转化进度，但相比日常购物行为，科技成果转化属于低频事件，其流量不足以支撑平台的发展。正如我在前面所举的案例，很多科技成果需要持续不断的研究试验、工程化及生产线验证才算实现了转化，这个过程往往长达数年甚至数十年，仅仅通过短时间的线上交流是无法完成的。部分企业、人才团队通过线上建立联系，能就企业需求或技术成果形成初步合作意向已经是非常大的进步了。

此外，科技成果评价困难，交易金额大，进行线上交易的可能性很小，信息化平台的收益得不到保障，也就是我们通常所说的“盈利点不清楚”或者是基本没有收益，甚至因为在前期的信息收集、加工及推送中投入比较多，还需要补贴大量的运营费用。这也是目前各地在建设科技成果信息化平台时多数依靠公益投入，没有形成可以复制推广的市场化成功经验的原因。在下一节中，我将专门对几个比较知名的科技成果信息平台进行分析，并指出它们的优点和不足。

最后，从信息化的支撑能力来看，两者差距很大。

我们都知道，淘宝网的客服非常重要，要及时回复客户的各种问题，但沟通的内容大部分是关于商品具体的参数、价格、物流时间、打折优惠等有明确答案的问题，普通人熟悉一下商品就能胜任这个岗位。现在很多商家已经将常见问题固化，通过人工智能的方式来回答。很多商品的介绍都非常详细，客户看了就可以直接下单，不需要客服的介入也能成交。

另外，淘宝网的物流网络十分发达，每个节点的交通保障都非常清晰，我们可以清楚地看到交易物品的运输情况。每到“双 11”，海量交易同时进行，后台依然能在一定程度上保障交易的流畅和后续货物的尽快送达。淘宝网拥有如此强大的支撑能力，使我们更乐意选择通过它来进行购物，而售后评价体系和退换货制度也使得淘宝网能维持良性运转。

科技成果在信息化过程中则无法提供这些支撑条件。一方面，科技成果因其具有非标性，往往需要专业性沟通，普通人难以胜任，而让科技成果拥有者本人作为沟通的主体，由于其精力和时间都是有限的，应答不及时或沟通不深入都会导致对接的低效或失败；另一方面，科技成果转化过程中所需的配套支持条件更为复杂，如中试环境、资金投入、产业链接等保障都不是现成的，还需要另外下功夫去规划。线下的服务保障支撑能力不足，使得很多线上的科技成果转化平台沦为展示和查询的平台，互动交流功能很弱，更谈不上交易。

通过这些差异我们可以看出，科技成果的转化比淘宝网单纯的商品交易要复杂千百倍，目前尚无固定模式、固化路径能够一劳永逸地解决千差万别的科技成果转化问题。然而，利用信息化的手段，将部分具有共性的内容形成相对稳定的服务产品，对具体的成果转化工作还是有帮助的。

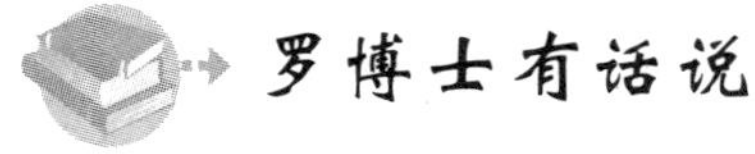

罗博士有话说

科技成果转化需要“淘宝网”吗?

科技成果交易不可能跟快消品一样,建一个“淘宝网”就能解决信息不对称的问题,其原因在本节中已经分析得非常透彻了。那科技成果转化需要“淘宝网”吗?还是需要的,互联网平台可以大大提升科技成果转化的对接效率。通过建立科技成果数据库、技术需求数据库等大数据平台,可以实现供需信息的快速检索查询;借助人工智能技术,可以实现自动关联与匹配;通过互联网手段,可以实现数据共享与供需信息的快速推送。计算机与通信系统提供的海量存储、快速查询、快速通信服务不是人工服务可以比拟的。随着ChatGPT等人工智能技术的应用,是不是能实现更精准的信息匹配和后续研发配套,我们也拭目以待。

然而,目前仅仅依靠互联网平台还不能解决所有问题。光有大数据、人工智能和互联网并不能实现科技成果的转化与对接,必须将线上与线下结合、人工与智能结合、平台与服务结合。计算机与互联网只是辅助工具,人,特别是专业的技术经纪人,在整个科技成果转化过程中起决定性作用。机器是死的,人是活的,机器只能协助、支持技术经纪人的工作,而不能实现全过程的科技成果转化。因此,技术经纪人的培养工作仍然任重道远。

第三节　科技成果信息化是系统工程

虽然科技成果的信息化非常艰难，但利用信息技术可以不断提升科技成果转化的效率，朝这个方向努力是十分有意义的。各地在这方面始终没有停止探索，其中也有不少信息化平台做出了自己的特色。在此，我对个人认为比较有代表性的平台进行简要的介绍，并做适度的分析，希望为从事科技成果信息化工作的同人提供一些值得学习和借鉴的内容。

中关村科技成果转化与技术交易综合服务平台（www.zgc-tattt.com），是中关村管委会牵头，联合中国技术交易所、中国国际科技交流中心、国际技术转移协作网络等单位共同建设的科技成果转化平台，主要针对的是国际科技成果转化和技术交易。方法是通过汇聚国内外创新资源，创建技术转移服务联盟，线上线下展开联动，多渠道推广和常态化运作，推进国际技术转移和科技成果转化，帮助企业开拓国内外市场，旨在解决专业服务机构能力不强，技术项目信息不对称，综合、便捷、专业化服务能力不高和相应平台缺失等问题。为方便全球用户操作，该平台提供中英文信息检索、成果录入功能，在交易方面还具备多币种结算功能。该平台在国际科技成果转化方面的应用具有方便快捷、易操作的优点。截至 2024 年 5 月中旬，平台累计发布技术项目 10478 项，技术需求 880 项，服务产品 342 个，服务政策 685 条。

科惠网——湖北技术转移与成果转化公共服务平台(www.51kehui.com)，是国家技术转移中部中心的核心平台，也是湖北省唯一的公益性网上技术市场，2015 年上线，由湖北技术交易所具体运作。科惠网采用“互联网＋技术转移”模式，汇聚成果、资金、人才、服务、政策等创新要素，实现“展示、服务、共享、交流、交易”五大功能，为各创新主体提供技术交易、评价评估、项目路演、洽谈对接、科技金融、政策应用、招才引智等全流程服务。截至 2024 年 5 月中旬，平台拥有技术成果 174421 项，企业需求 1407 项，专家团队规模 16625 人，服务产品 2029 项。

科易网(www.1633.com),是厦门科易网科技有限公司于2007年5月创立的技术转移转化服务平台,是科技部批准的首个国家科技成果转化服务示范基地。科易网是国内“互联网+技术转移”模式探索与实践的先行者,推出“科易宝”(国内首创的线上技术交易服务体系),并持续融合运用新技术、新模式,优化科技创新资源整合与配置,形成了以技术转移为核心,面向企业、高校、科研院所、技术经纪人、技术转移机构、科技服务机构、行业协会、园区、政府等各类创新主体的服务与合作体系。截至2022年9月底,科易网已拥有可交易科技成果90万余项、合作科研院所1401家、合作技术专家23万多名,举办了996场活动,服务了43万余家企业。其最具特色的产品——“科易宝”,针对技术交易中款项金额大、分批次、个性化的资金安全支付问题,技术商品的数据安全,线下服务的规范化、可视化、标准化及配套专业服务支持做了很多有益的探索,解决了部分沟通难、评价难、交易难的问题。为扩大“科易宝”的使用范围,厦门市还出台了专门的支持政策。

科创通(www.cdkjfw.com),是成都科技创新云平台,2014年由成都市科技局直属单位成都生产力促进中心负责建设与运营。该平台通过O2O(线上到线下)

模式，聚集创新要素资源，面向创业团队、创业企业、创业服务机构、创新创业载体四类主体，提供全方位、全流程的专业化服务，构建创新创业云孵化平台，被业界誉为创业版的“天猫商城”。该平台也是成都市各类科技创新项目的实施平台，只有注册了的单位才有资格获得科技项目支持。截至 2022 年 9 月，科创通平台已吸引 5078 家科技型中小企业加入，汇集双创企业团队超 4 万家，促进成果转化和校企地合作等项目 2778 项，推动 20 多家企业在科创板、创业板等上市。

科创易，是由武汉园宝科技有限公司开发运营的平台。平台始于华中科技大学承接的教育部战略研究课题，获得了众多大学科技园及相关大学的支撑，科技成果、创新企业和人才团队的整体素质水平较高。该平台建立了包含数万名专家学者信息的信息库，汇聚了大量成果和发明专利，运用大数据和人工智能技术，可实现专利成果智能匹配，为供需双方提供精准信息。作为湖北省科协推进科技经济融合工作的重要平台，科创易致力于推动技术、人才等创新要素精准对接，实现科技成果的精准转化，为各学会、高校、科研院所、园区、企业等主体提供低成本、高效率的科技成果转移转化服务。

以上五个平台各有特色，在科技成果转化领域都有一定的知名度。由于建设目的和资源的差异，它们的运营模式和效果也存在很大区别。通过其量化的数据，大家可以看出一些异同。

总结这几家平台的优势，一是有比较强大的公共资源背景。比如：中关村科技成果转化与技术交易综合服务平台，位于科技创新资源极为丰富、国际科技交流十分活跃的园区内，在进行国际科技成果转化方面有着天然的优势；科惠网凭借湖北科教资源优势，能够聚集大量的科技成果；科创易依托科技部、教育部共同批准认定的大学科技园，能快速获取高校的科技成果资源和园区企业资源。

二是平台通过长时间的运营，已经积累了一定规模的资源，提高了知名度和品牌效应，进入了良性循环。尤其是像科易网这样的平台，在科技成果转化领域深耕多年，再加上科技成果转化服务示范基地的加持，以及通过多年为各地建设、运营科技成果转化平台，整合的数据规模远超过其他平台，这些为其在全国范围内进一步推广应用打下了坚实的基础。

三是平台的线下支撑能力强。我看过很多科技成果信息化平台，大部分只有展示功能，即将征集来的科技成果和企业需求放在上面，分类粗糙，时效性差，搜索字段少，线下支持不够，后台团队不能及时响应用户的需求。虽然平台上的科技成果数量庞大，但对其感兴趣的人并不多，活跃度也很低。而这几家平台的线下支撑团队实力比较强，对线上的需求信息响应较快，互动性比较强，这使得平台的互联网优势得以充分发挥，逐渐形成品牌效应。例如，科惠网举办了大量的线下对接活动，其“联百校 转千果”活动在全省已经有一定的知名度；科易网联合各地政府部门较为频繁地组织线上对接活动和展会活动；科创易通过人工智能方法，与园区的管理机构快速对接处理后的信息，实现及时响应；科创通将从各种创新创业活动中采集的信息迅速反馈到新的活动、项目支持和金融帮扶环节，取得了很好的效果。

目前这几家平台也存在一些共同的问题，需要进一步探索，加快突破，才能将科技成果转化推向新的高度。

一是这些平台的专业性不够，领域聚焦不明晰，缺乏与相关的中试熟化、检验检测等专业平台（将在下一章详细分析）的联系与互动。单一的信息化会使线上线下服务难以深入，只能停留在简单的信息传递和对接沟通阶段，远远不能满足科技成果转化全过程的需要。

二是仅依靠信息化平台难以产生相应的收益，还需要大量公共财政的投入，尤其是后期运营维护阶段，需要投入的财力和人力比建设期更大。这是个长期持续的过程，如果缺乏定力或投入不足，可能会影响信息化平台的品牌建设。尽管企业性质的科易网和科创易已经有一定的盈利，但它们前期建设是依靠国家项目的大力支持，后期政府采购项目收入也占了很大比例，仅靠本身服务的获利十分有限，很难分享到科技成果转化过程的发展红利。

三是信息平台的引流依靠的往往不是科技成果本身的内容。例如，科创通以成都市科技局的计划项目为牵引，通过长时间的信息积累来掌握企业需求，再组织相关机构为企业提供服务，其突出优势是投融资介入早。科创易没有直接面向企业，而是利用对园区管理团队情况熟的优势，通过园区服务小程序，获取科技成果供需双方的信息。这些平台都是抓住科技成果转化过程中比较容易介入的服务环节，通过多种方式引导后续的互动，从加强综合性的科技创新出发，达到科技成果转化的目的，这也是殊途同归的一种表现，但离提供全流程的科技成果转化服务还有很大距离。

因此，真正的科技成果信息化是非常艰难的，需要系统的设计、稳定的支撑保障和体系化的运营管理，才能逐步实现我们理想中的科技成果信息化。

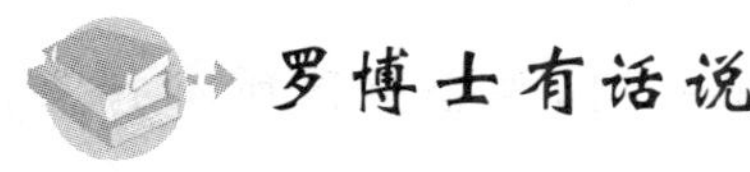

罗博士有话说

科技成果转化信息平台重在运营

中国现有的科技成果转化平台不是少了，而是太多了。科技系统、知识产权系统、科协系统、经信系统等相关的部门都有自己的平台，各高校、科研院所、行业协会也都建立了自己的平台，再加上一些服务机构建设的平台，数量非常庞大。然而，这些平台的实际使用情况如何？活跃用户有多少？促成了多少转化呢？从全国情况来看，运营得好的平台并不多！

科技成果转化信息平台的重点和难点不是建设，而是运营，要有活跃用户，要能真正起到作用。这与电商平台运营的道理相似，只有买方和卖方多，生意才可能火爆。因此，我完全同意本节观点“科技成果信息化是系统工程”。平台要“活”起来，必须具备先进的平台架构和技术，并且要使用方便，要安全可靠。同时，也要投入经费来推广，更要由懂成果转化的专业团队来花心思了解高校、科研院所、企业的真正需求，花大力气来运营管理。要想市场之所想，想客户之所想，加大市场与客户调研力度，了解市场需求，熟悉市场规律，按市场要求办事。

科技成果转化信息平台建设不要贪大求全。很多人一建平台就想着要建全国第一网，整合全国所有行业的供需信息与服务资源。拥有这种想法的人很多，但全国只有一个第一网，不可能所有平台都成为第一。此外，别说是全国第一网，哪怕是领域第一网、行业第一网，都需要丰富的资源和强大的整合能力，而且互联网平台建设是非常“烧钱”的事情。建议平台建设聚焦自身资源，从小做起，从最熟悉的细分领域做起，逐步做大做强，也可以保持“小而美”的定位，把一个行业做深做透，不要想着“一口吃成个胖子”。在平台建设方面，可以用一些运营整合技巧，比如，现在的要素市场比较完善，可以通过数据共享、购买数据或者购买接口服务等方式实现。

第三章
选择优质的平台

骑自行车，两只脚使劲踩1小时只能跑10公里左右；开汽车，一只脚轻踏油门1小时能跑100公里左右；坐高铁，闭上眼睛1小时能跑300公里左右；乘飞机，吃着美食1小时就能跑1000公里左右。这个例子说明，好的平台十分重要。人还是那个人，平台和载体不一样，结果就不一样了。这说明选择一个好的平台，就是选择了希望。这个道理在科技成果转化中也是同样适用的，我们不仅要找到能最大限度支持科技成果转化的平台，充分发挥好平台的作用，还要学会搭建各种转化平台，提高转化的效益。

第一节　科技成果转化平台非常丰富

上一节所讲的信息化平台，只是科技成果转化平台中的一部分。在真正的转化过程中，仅掌握相关科技成果信息远远不够，还需要一系列支撑和服务平台。从事科技成果转化工作的人，一定要将这些平台都纳入视野，形成科技成果转化大平台的意识和理念。只有充分发挥这些平台的综合性作用，才能满足科技成果转化中全链条、多样化和个性化的需求。

平台的定义和范围非常广泛。据我了解，发挥成果转化作用的平台，以国家设立的名称列举，有科技部设立的国家技术创新中心、国家重点实验室、国家工程技术研究中心，国家发展改革委设立的国家产业创新中心、国家工程实验室、国家企业技术中心，工信部设立的国家制造业创新中心等。

近年来还出现了一些新的平台，如新型研发机构、概念验证中心、中试基地等，正以不同的角度参与成果转化的各环节。另外，技术转移示范机构、科技企业孵化器等载体类平台，以及各地各部门建设的检验检测平台、公共技术服务平台、创新联合体、协同创新平台等，也都在强化自身的科技成果转化功能。

虽然这些平台的名称各不相同，运行也是“各显神通”，但独木不成林，正是这种多样性才使得科技成果转化的环境越来越优化。这与我在《强化成果转化服务 促进融通创新发展》一文中提到的融通创新的理念一致。在成果转化中，也需要多主体合作、多形式创新和多元化价值取向。正如古语所说，“一花独放不是春，百花齐放春满园”。当科技成果转化的平台形成一个共生共荣的生态体系时，将会更好地促进科技成果向现实生产力转化。

下面介绍与科技成果转化相关性较强的部分平台。

国家技术创新中心：面向国家长远发展和全球竞争，依托高校、科研院所、企业部署的一批战略定位高端、组织运行开放、创新资源集聚的综合性和专业性的国家级创新平台。国家技术创新中心定位于实现从科学到技术的转化，促进重大基础研究成果产业化。以关键技术研发为核心使命，产学研协同推动科技成果转化与产业化，为区域和产业发展提供源头技术供给，为科技型中小企业孵化、培育和发展提供创新服务，对支撑产业向中高端迈进、实现高质量发展发挥战略引领作用。截至2022年底，已有京津冀、长三角、粤港澳大湾区等3个综合类国家技术创新中心和16个领域类国家技术创新中心获批建设。

国家重点实验室：是国家组织高水平基础研究和应用基础研究、聚集和培养优秀科学家、开展高层次学术交流的重要基地，实行“开放、流动、联合、竞争”的运行机制。依托单位以中国科学院各研究所、重点大学为主体。2003年前后，科技部设立了一批省部共建国家重点实验室，进一步加强了地方与国家在基础研究方面的衔接。2018年6月22日，科技部、财政部发布《关于加强国家重点实验室建设发展的若干意见》，提出实验室经优化调整和新建，数量稳中有增，总量保持在700个左右。

国家工程技术研究中心：主要依托于行业、领域内科技实力雄厚的重点科研机构、科技型企业或高校，拥有国内一流的工程技术研究开发、设计和试验的专业人才队伍，具有较完备的工程技术综合配套试验条件，能够提供多种综合性服务，与相关企业紧密联系，同时具有自我良性循环发展机制的科研开发实体。国家工程技术研究中心涵盖了农业、电子与信息通信、制造业、材料、节能与新能源、现代交通、生物与医药、资源开发、环境保护、海洋、社会事业等领域。

国家产业创新中心：是整合联合行业内的创新资源、构建高效协作创新网络的重要载体，是特定战略性领域颠覆性技术创新、先进适用产业技术开发与推广应用、系统性技术解决方案研发供给、高成长型科技企业投资孵化的重要平台，是推动新兴产业集聚发展、培育壮大经济发展新动能的重要力量。

国家工程实验室：为提高产业自主创新能力和核心竞争力，突破产业结构调整和重点产业发展中的关键技术装备制约，强化对国家重大战略任务、重点工程的技术支撑和保障，依托企业、转制科研机构、科研院所或高校等设立的研究开发实体。主要任务是开展重点产业核心技术的攻关和关键工艺的试验研究、重大装备样机及其关键部件的研制、高技术产业的产业化技术开发、产业结构优化升级的战略性前瞻性技术研发，以及研究产业技术标准、培养工程技术创新人才、促进重大科技成果应用、为行业提供技术服务等。

国家企业技术中心：是指企业根据市场竞争需要设立的技术研发与创新机构，负责制定企业技术创新规划、开展产业技术研发、创造运用知识产权、建立技术标准体系、大力培养创新人才、构建协同创新网络、推进技术创新全过程实施。截至2023年2月，国家企业技术中心有1700多家。

国家制造业创新中心：是由企业、科研院所、高校等各类创新主体自愿组合、自主结合，以企业为主体，以独立法人形式建立的新型创新载体。面向制造业创新发展的重大需求，突出协同创新取向，以重点领域前沿技术和共性关键技术的研发供给、转移扩散和首次商业化为重点，充分利用现有创新资源和载体，完成从技术开发到转移扩散、首次商业化应用的创新链条上各环节的活动，打造跨界协同的创新生态系统。截至2020年底，我国已启动建设了17家国家制造业创新中心。

技术转移示范机构：是为实现和加速技术转移过程提供各类服务的机构，包括技术经纪、技术集成与经营、技术投融资服务机构等，但单纯提供信息、法律、咨询、金融等服务的机构除外。技术转移示范机构的主要职能是促进知识流动和技术转移，其业务范围包括：搜集、筛选、分析、加工技术信息；技术转让与技术代理；技术集成与二次开发；提供中试、工程化等设计服务、技术标准、测试分析服务等；提供技术咨询、技术评估、技术培训、技术产权交易、技术招标代理、技术投融资等服务；提供技术交易信息服务平台、网络等；开展其他有关促进技术转移的活动。

概念验证中心:是设立在高校,由多种组织、机构与高校合作运行的新组织模式,旨在帮助高校消除科研成果与可市场化成果之间的鸿沟,推动基础研究成果先一步开展技术可行性、商业可行性等研究,减少基础研究成果转化的风险和不确定性,促使高校科研人员成功踏出科技成果转化的“最初一步”,即在科技成果转化前期,从众多优秀的基础研究成果中,尽可能早地识别那些具有商业化和社会化前景的项目,并通过提供种子资金、商业顾问、创业教育等对概念验证活动进行个性化的支持。美国加州大学圣迭戈分校于2001年建立了第一个高校概念验证中心,随后得到更多大学的响应。在2018年以后,北京、上海、西安、深圳等地的高校也进行了有益的探索。

中试基地:是新产品进行中间试验的场所,其任务是对科研成果进行中间试验,不断研制出新产品的配方及生产工艺、样品。主要作用是把实验室中的研究成果进行放大,将基础研究转化为应用研究。中试基地一般分为专业中试配套基地和综合性中试配套基地两大类。专业中试配套基地是专门从事某个行业类项目的中试配套基地;综合性中试配套基地是以加工、生产一般工业产品为主要经营业务,同时承担同类技术项目中试和产业化配套协作工作的基地。

科技企业孵化器和众创空间：是以促进科技成果转化、培育科技企业和企业家精神为宗旨，提供物理空间、共享设施和专业化服务的科技创业服务机构。虽然它是支撑大众创新创业的平台，但很多专业孵化器会通过链接产业链上下游促进科技成果转化。如湖南三一众创孵化器有限公司，通过三一重工集团每年数千项的委外合作项目，遴选有潜力的科技成果和创新企业入驻，持续进行辅导和孵化。

从以上介绍可以看出，这些平台和机构相互交织构成的生态对科技成果转化发挥着基础性的支撑作用。它们在功能上有很多重复和交叉，但由于角度和出发点不同，单一平台只能完成科技成果转化过程中的一部分任务。因此，这些平台和机构只有形成联动互补的态势，才能使科技成果转化更为顺畅、高效。

平台虽然数量众多，但相对于科技创新的相关需求来说，仍然是稀缺资源，尤其是科研积淀厚重、拥有顶尖的人才团队和研发实力的国家级高端平台。一些原创性、颠覆性的创新成果正是在这些平台上得到更大支持，取得突破性的成就。

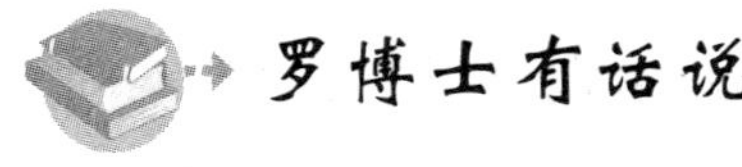

罗博士有话说

戏剧最重要的不是舞台，而是演员和节目

科技创新平台和科技成果转化支撑平台很多，如何对接这些科技创新平台，获取优质项目成果？如何选择科技成果转化服务平台，是选择概念验证中心，还是选择中试基地？它们之间有什么区别？……很多问题有待探讨。

关于如何选择科技创新平台，我的总体建议是：戏剧最重要的不是舞台，而是演员和节目，同理，一个平台最重要的不是牌子，而是其中与自身需求相匹配的优秀创新人才、科技成果与高价值专利。

不少企业在与“国字号”实验室、技术创新中心打交道时，首先考虑的是要跟这个国家级平台签订一个战略协议，以便对外宣传。至于是否有实质性合作，则稍后再议。这种做法主要是基于品牌宣传的逻辑，看重的是合作对象所处的国家级平台，重形式而不重内容。这种做法一般会导致双方合作不了了之，浪费重要的合作机会。建议企业与大科研平台合作时，重点抓住自己感兴趣、用得着、能驾驭的具体的人和项目，从点上着手、线上着眼，逐步扩大到面。先选择一两个与自身成果转化方向一致的项目开始合作，与其中一两个人逐步建立信任与合作。这样的合作，才能长久和稳固。

对于如何选择科技成果转化服务平台的问题，建议按以下三个原则进行筛选。一是“因时制宜”，如果科技成果处于前期小试甚至更前的阶段，建议选择支持早期项目的概念验证中心合作；如果是中期熟化的项目，则建议选择中试基地、工业技术研究院、产业技术研究院等进行合作；如果技术处于推广应用阶段，则建议选择国家级或省市级技术转移中心或知识产权运营中心。二是“货比三家”，通过比较不同服务机构的服务态度、过往业绩、服务方案、服务价格等，择优合作。三是“听其言，观其行”，不要轻信服务机构或技术经理人/经纪人的承诺和介绍，要加强对服务的监管。

第二节 平台的运营机制仍在改革中

有了丰富的平台资源支持,科技成果转化是否会一路坦途呢?答案是否定的。虽然有了助力,但仍存在比我们想象中多得多的困难和问题。一方面,由于平台的稀缺性、复杂性和多样性,对接非常不容易;另一方面,即使对接上了,目前各类平台不同的运营机制也是其中的障碍之一。

我国从 1984 年开始启动国家重点实验室计划,1991 年启动国家工程技术研究中心、国家工程研究中心、国家工程实验室建设,旨在推动基础研究成果向应用转化,解决行业关键共性技术问题,形成一批对产业有影响的工程化成果,培育带动新兴产业发展。此后,各地也加大了类似平台的建设力度。经过多年发展,平台数量不断增加,类型更加丰富,实力也越来越强,但仍然不能满足科技成果转化旺盛的需求,很多成果被束之高阁,很多成果还在寻找平台的帮助,还有很多成果在转化的路上艰难地前行。这其中的矛盾，既有平台数量、能力不足的原因，也有平台自身的运营机制与社会经济发展不匹配的原因。

从实验室成果到成熟的技术商品，越接近转化的后期阶段，对市场化的要求越高，相应的支撑和服务平台也要随之进行调整。然而，我国的很多平台在建设前期对自身的定位和服务方式考虑较少，导致在具体进行科技成果转化时存在较多障碍。

大部分平台是由各级政府部门财政资金支持建设的，前期对技术积累、人才层次和硬件配套的要求很高，并且都有事业单位或大型企业做强有力的持续保障。这些具有国资背景的平台在科技成果转化中发挥着主力军的作用。然而，由于体制机制的约束，这些平台普遍存在布局规划不合理、部分资源闲置浪费、开放共享程度低、缺乏市场化激励等问题。各平台主体普遍对平台的建设十分重视，以“拿牌子”为荣，以产生论文等研究成果为主要目标，在争取政府部门的投入方面十分积极，但对创新成果的转化和市场化运营的思考较少，不愿花精力和时间来争取社会资源的支持。

随着经济社会的繁荣及产业需求的发展，许多市场化的创新平台应运而生，有些是企业化运营的事业单位，有些是从企业独立出来的研发机构。它们或者专司中试熟化的技术开发，或者主攻验证测试等配套服务。这些涌现出来的成果转化平台，往往深耕于某个细分领域，专业性更强。这些平台由于起步晚、积累不足，往往处于勉强维持运营的状态，离进一步做大做强、打出品牌还有一定距离，但已成为主流成果转化平台的有力补充，并将发挥越来越重要的作用。

针对这些问题，一方面，要加大对各类平台的体制机制改革，引入市场化的考核和激励机制，提高平台科技成果转化绩效目标。同时，根据《中华人民共和国促进科技成果转化法》，让平台能够分享社会化服务带来的经济利益，促进平台更好地服务于科技成果转化。另一方面，需要各地出台更多的政策措施，引导和鼓励市场化的科技成果转化平台和机构加快发展，如新型研发机构、企业化的技术转移示范机构、研发型企业等。这些平台和机构可以用更灵活的市场方式，快速介入科技成果转化的各个阶段，并获得相应利益来支撑平台的后续发展。持续的利益能够支撑平台长久发展，使平台越做越好，逐渐进入良性循环，形成品牌效应。

比较典型的例子就是美国斯坦福大学的技术转移办公室。斯坦福大学于 1970 年成立了美国历史上第一

个技术许可办公室(Office of Technology Licensing，OTL)。它通过设立专业机构，集聚一批从事技术转移工作的高端人才，有效推动了高校研究成果的市场化、产业化。此后，世界各国纷纷效仿，许多知名高校也设立了该类机构，全权负责高校科研成果转化工作。大部分的技术转移办公室是大学中的独立部门，其运营经费主要来源于技术转移活动。一般来说，专利许可所得收入会按事前协议，主要分配给发明人、发明人所在院系、学校及技术转移办公室四个主体。例如，斯坦福大学将15%的收益用于维持技术许可办公室的运作，剩余的收益被分为三部分，1/3 归发明者，1/3 归发明者所在的院系，1/3 归发明者所在的学校。这一利益机制的安排，同时达到了促进科技成果转化、产生社会经济收益、回馈学校科研和教育三重目的。下图展示了麻省理工学院的技术转移程序，我们可以看到，市场化的机制使科技成果转化形成了一个完整的闭环，不但科技成果转化能够得到持续的经费保障，而且不断提升了平台机构的能力，使其品牌影响力越来越大。

我国的科技成果转化平台虽然起步晚，但学习能力极强。国内各高校纷纷借鉴国外的先进经验，利用高校各类创新平台实力强、资源丰富、影响力大的优势，成立科技开发公司等校办企业，促进高校科技成果的转化及

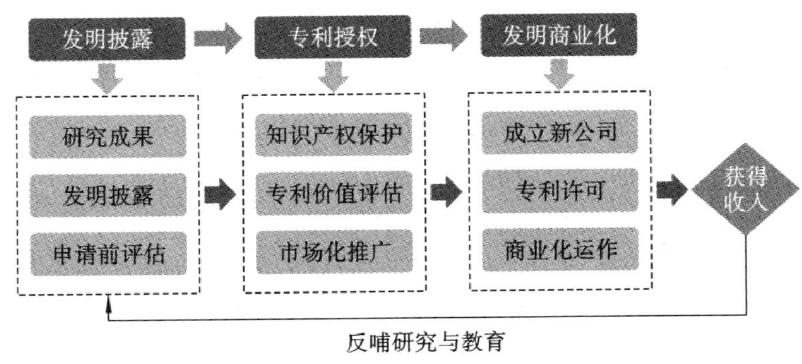

麻省理工学院的技术转移程序

技术转移,并孵化了一批知名企业。自 2001 年开始,国家在清华大学、上海交通大学等高校设立国家技术转移中心,希望进一步改变科技与经济“两张皮”的现象。经过多年的发展,这些技术转移中心转化了大量的科技成果,取得了很多成绩,但时至今日,受国有体制的影响,大部分机构和平台仍需各级财政部门的资金支持来维持运营和发展,也有少数机构如中国科学院深圳先进技术研究院,其体制机制更为灵活高效,在科技成果转化方面有比较强的市场化运营能力。武汉等地也建设了一批工业技术研究院等“四不像”的新型研发机构,探索了很多科技成果市场化的途径,但其技术开发能力、推广应用能力、持续盈利能力仍有待市场和时间的检验。

平台运营机制的问题,国家也高度重视。2017 年科技部、财政部、国家发展改革委印发了《国家科技创新基地优化整合方案》，在管理运行机制方面提出："技术创新与成果转化类国家科技创新基地建设要充分发挥市场配置资源的决定性作用，加强政府引导和第三方考核评估，根据考核评估情况，采取后补助等方式支持基地能力建设。"

科技成果转化平台建设难，运营更不容易。没有长时间的积淀，是不可能实现大批量的科技成果转化的。现在，各地各级政府也充分认识到创新平台的重要性，大量引进高端研发机构和人才团队，纷纷上马建设各类新型研发机构和科技成果转化平台，如××产业研究院、××技术创新中心等，希望通过创新平台招引优势产业链的上下游资源，强化经济发展核心竞争力。这些平台往往有高校或大型企业背景，有一定的技术积累，并对地方政府有较高的要求，除了要求大量的资金投入，还要求优质的环境配套保障和宽松的激励考核政策。我们看到，很多平台甚至要求有事业编制等条件，可见运营机制的改革还是留着"尾巴"。

因此，在建设创新平台时，需要提前进行顶层设计。不仅要明确依托哪些资源、整合哪些对象，更要思考清楚运营内容、运营方式，以及运营团队的能力等问题，尤其是持续运营的利益机制要提前谋划。在实践中我们也看到,平台的运营情况与管理团队密切相关。只有那些既懂技术又了解市场,善于运用互联网思维,资本意识很强的团队,才更容易出成绩。

善于运营的团队能够聚焦自身的核心资源,持续向外发展合作对象,并通过与服务对象的深度融合,不断扩大自身的服务范围,提升服务能力,再依托品牌强化核心资源建设,实现资源“滚雪球”式聚集。比如中部知光技术转移有限公司,最初只是依托中国地质大学(武汉)的科技成果资源做转化,通过自身努力,不但养活了200多人的团队,还在全国范围设立了多家子公司,围绕知识产权、成果转化、双创服务3个方向,提供活动培训、咨询规划、知识产权、评估评价、转化基地、信息平台6类服务,服务高校、政府/园区、企事业单位、联盟协会、孵化器等5类客户,建立了“365”服务产品体系,将成果转化服务流程化、标准化、模式化和规模化,是将资源综合运营形成良性循环的代表机构之一。

体制机制的改革相对会更难、更慢一点,但仍在一点一点向纵深推进。武汉中科先进技术研究院是中国科学院深圳先进技术研究院和武汉经济技术开发区联

合组建的新型研发机构。为了更加灵活自主地开展运营管理，他们主动选择了企业法人身份，破除了体制机制的束缚。自 2018 年成立以来，该研究院聚焦新材料产业，已获国家、省、市级创新平台称号 10 余个，承担各级科技项目 10 余个，组建了 200 多人的研发和服务团队，获得 43 项发明专利授权。2019—2022 年，该研究院促成院企签约项目 220 多个，总金额超 35 亿元，服务产业内单位数量超 1600 家。

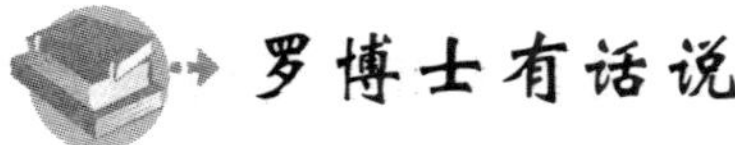

罗博士有话说

科技成果转化平台与机构市场化、专业化是必然趋势

科技成果转化是以市场为导向的过程，应该由市场来完成。因此，科技成果转化平台与机构市场化、专业化是未来发展的趋势。

从目前的迹象来看，可能有以下几个改革趋势。

一、细分的、专业化的技术转移平台或机构越来越多

技术转移是一件非常专业的事情，需要深入了解特定区域或领域的技术和市场需求，专注于某一个区域、某一个专业领域的产业技术供需对接，才能产生良好的效果。未来的发展趋势之一就是出现越来越多细分的、专业化的技术转移平台或机构。

二、服务能力和服务内容是关键

搭建一个平台其实不难，难的是平台的管理和运营。拥有专业的队伍，提供专业的服务内容，是科技成果转化平台成功的关键。建议各类平台或机构在服务能力上下功夫，在服务内容上多打磨。

三、好的技术经理人“一将难求”

“兵熊熊一个，将熊熊一窝”，一个优秀的技术经理人可以带领一批技术经纪人成长和进步。未来，优秀的技术经理人不仅需要拥有资源，还需要有丰富的知识、经验和技巧，这样的高端技术经理人将“一将难求”，成为稀缺资源。

四、独立法人的新型研发机构是未来的重要形式

从目前的趋势来看，独立法人的新型研发机构，包括各类工业技术研究院、产业技术研究院、技术创新中心等，将成为未来科技成果转化机构的重要形式。这些机构把中试作为核心任务，集成培训、投资、孵化等多种创新创业辅导和服务功能，将越来越受欢迎。

五、概念验证中心越来越多

自2018年我国第一个概念验证中心成立以来，概念验证中心越来越多。尤其是从2022年开始，作为一种科技成果转化平台，概念验证中心迅速崛起。越来越多的城市开始支持与发展这种集小试、种子基金、创业辅导、市场验证、商业模式验证等于一体的科技成果转化平台。

第三节　好平台是用出来的

好的科技成果转化平台不仅是建出来的，更是用出来的。通过大量的实践应用，平台的服务水平越来越高，承载能力越来越强，链接的资源越来越丰富，创新体系越来越成熟，自然就有了品牌号召力。

自新中国成立以来，国家一直非常重视科技建设和投入，特别是在重大科学基础设施、共性技术平台和重大关键核心技术方面，很早就围绕未来产业发展进行布局。

例如，上海光源作为高性能的第三代中能同步辐射光源，是国家级的大科学装置和多学科的实验平台，2004 年投入 12 亿元建设，并于 2009 年开始正式运营。第一期几十条光束线和上百个实验站建成后，能同时容纳的研究人员就达上千名，为中国的生命科学、材料科学、环境科学、信息科学、凝聚态物理、原子分子物理、团簇物理、化学、医学、药学、地质学等多学科的前沿基础研究，以及微电子、医药、石油、化工、生物工程、医疗诊断和微加工等高技术的开发应用，提供了不可替代的先进手段。截至 2015 年 12 月，上海光源已经提供了 182123 小时用户实验机时，支持课题近 7000 个。来自 365 家高校、科研院所、医院和公司的 1938 个研究组的 12674 名用户在这里进行了实验，发表论文近 2500 篇，取得了丰硕的成果。仅以生命科学为例，以全基因组测序为主要目标的结构基因组学研究，其中 80%以上的工作需要在第三代同步辐射光源上进行。多应用场景和高使用频度，造就了上海光源特有的科研氛围，使其自然而然地成为综合性的大型前沿研究中心，为萌发新思想、创造新方法和开辟新学科提供极为有利的环境条件。

当我们充分认识到创新平台对科技成果转化的重要性时，就需要在众多的平台中找到与自身需求契合的平台。个人认为，好的平台都有以下几个共同的特点：一是科研积淀比较厚重，尤其是一些“中字头”“国字号”的平台，前期获得非常大的国家和地方政府的投入，不但有精良的仪器设备，而且科研队伍实力雄厚，紧跟该领域最前沿动态，提供最先进的技术支撑，合作后可以使企业在较长时间内保持技术上的领先优势和核心竞争力；二是合作方式比较成熟，不论是委托开发、技术转让、专利许可，还是一般的咨询服务，平台都有完善成熟的合作模式，方式灵活、责权利清晰，避免了日后可能产生的经济或知识产权纠纷；三是通常能够给出多种系统性的整体解决方案，不仅能针对企业的单一技术难题提供服务，还能根据行业发展趋势作出预判，即所谓的“交钥匙工程”，而不是“头痛医头，脚痛医脚”。虽然由于体制机制的原因，还存在一些低效和被动的情况，但总体上来说，与这些平台的合作会变得越来越容易。

例如，江苏省产业技术研究院与200余家龙头企业建立联合创新中心，解决了企业提出的800余项技术需求，投入研发经费达20多亿元。该研究院与万邦生物成立的联合创新中心，通过自己的海外合作资源网络，与美国北卡罗来纳大学生物合成技术团队进行对接，成功利用生物技术合成了肝素钠，解决了肝素钠从动物中提取后化学合成的纯度低和成本高的问题，使其可广泛用于预防血栓性疾病。目前，该合作取得的经济效益已经远超300万美元的合同额。

优质的科研平台和科技成果转化平台会在大量的具体实践中不断增值，提升行业地位。

一方面，要鼓励企业主动与各级各类成熟的研发平台、科技成果转化平台对接，以产业需求、行业需求、企业需求为导向，设立工业技术研究院、工程研发中心、校企联合研究中心等行业平台，充分利用科研院所和高校的研发资源，站在“巨人的肩膀”上，解决生产经营和行业发展中的痛点、难点，提升核心竞争力。

例如，东莞上海高校产学研合作中心是一家以实体机构为载体设立的产学研合作公共服务平台，为东莞部分专业镇提供的服务很具代表性。平台聚焦横沥模具制造专业镇的全产业链需求，通过统筹上海高校的创新资源，促成上海高校和横沥模具产业协同创新中心建立了模具检测中心、材料塑性成型中心、模具产业电子商务信息中心、横沥模具技术培训学院及模具展览展示中心五个服务平台。上海交通大学还专门派科技特派员常驻横沥镇，调研了近百家模具企业，在横沥发起了数百人参与的“横沥模具工程师俱乐部”，提升了东莞模具行业技术人员的技术水平，为打造、推广横沥模具品牌作出了积极贡献。

另一方面，高校、科研院所也要进一步解放思想，提高平台的共享开放程度，将科研院所和高校的成熟科研成果进一步工程化，以满足现实的应用场景需求为引导，积极与企业合作，开展小试、中试研究，形成产品，迈过科技成果转化过程里中试熟化的“死亡之谷”，成功实现成果转化。

例如,武汉纺织大学从基于纤维的基础研究、制备技术、成型技术、应用推广、产品设计角度出发,在人工心脏瓣膜、小口径人造血管、高端医用敷料、人造骨骼,以及军工航天、节能环保、智能穿戴等产业用纺织品等领域具备较强实力。该校通过与企业的深度对接,促成了与当代集团合作的“战地止血用多糖纤维织物”等一批科技成果的转化。2019 年,武汉纺织大学省部共建纺织新材料与先进加工技术国家重点实验室通过科技部论证,进一步提高了该平台在纺织新材料行业中的地位,更多的企业合作纷至沓来,促进了该校科技成果的快速转化。这成为平台应用与平台建设相互促进、相互成就的代表案例之一。

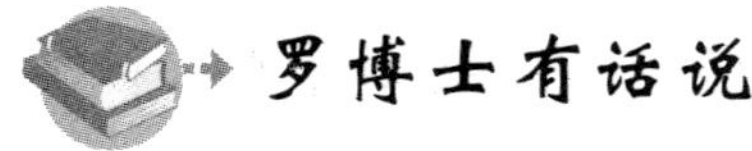

聪明人善于利用国家政策红利和公共资源

科技创新平台、科技成果转化服务平台很多,用好这些平台,是做好科技成果转化的关键。聪明的人,都善于利用国家政策红利和公共资源,善于借势借力。科技成果转化越来越受国家和各部委、各地方重视,财政资金投入巨大,建设了一系列科技成果转化平台。聪明的人，一定要善于抓住国家政策机遇，积极使用国家、各省市提供的科技成果转化平台，提高科技成果转化工作效率。

我非常赞同本节观点，好平台是用出来的，即好平台是需要通过实践来发挥价值的。一个好的平台，大家要多加利用。善用、用好平台，才能提高科技成果转化的效果。同时，广大用户在使用平台的过程中，会不断反馈市场需求，给平台提供改进意见。大家一起打磨，将会使平台的功能越来越完善和强大。

另外，人与人之间、企业和平台之间的交流合作，都是通过打交道、不断地相互“麻烦”培养出感情来的。只有相互认识、相互交流、相互合作，才能彼此了解，达成共识，开展合作。无论是科技成果的供给方如高校、科研院所的专家教授，还是技术需求方如企业老总，又或者是技术转移服务提供者如技术经理人、经纪人，大家都需要围绕成果转化这个主题，积极参与平台功能的开发和利用，增进相互了解，这样才能更加默契地开展工作。

举个例子，A 公司通过参加国家知识产权运营（武汉）高校服务平台组织的第 31 期“三创”论坛——“利用新材料处理乳化液及回用技术专场”活动，成功促成了年处理 5 万吨废油泥的资源综合利用项目的落地，为企业的转型升级与发展注入了新的活力。通过企业与平台之间的合作与交流，A 公司与 B 公司、C 公司等紧密合作。B 公司作为项目投资方，A 公司作为项目承接方，C 公司作为高校技术提供方，共同促成了项目的落地，该项目涉及的成果转化金额达到 5000 万元。

第四章
抓住关键的“人”

马克思主义认为，人是生产力中最活跃的因素。毛泽东同志说：“世间一切事物中，人是第一个可宝贵的。”习近平总书记在2020年科学家座谈会上指出：“人才是第一资源。国家科技创新力的根本源泉在于人。”新公共管理理论认为，人是生产力诸多要素中最积极、最活跃和最具有能动性的因素，是经济增长的源泉。在中国发展的各项事业中，只要抓住了关键的人，激发出人的积极性和创造性，事业就会大踏步地前进。与人的智力劳动、主动创造性密切相关的科技成果转化，更要以“人”为本。

第一节　推动科技成果转化的三种人

科技成果作为人的智力劳动成果，是不成熟的、非标准化的产物，特别是原理或技术上的创新点，还存在很多未知性和不确定性，其中涉及专利、技术秘密及同行竞争的部分，是无法完全诉诸文字和图形的。从实验室到市场化产品，再到新产业的形成，整个过程十分漫长，成果和技术需要不断地改进、调整和磨合，每个环节都离不开人的参与和推动。因此，一定要找合适的人，找对的人，找关键的人。

具体说来，这三种人是比较关键的。

第一种人是科技成果发明人。科技成果发明人及其团队对成果是最了解、最熟悉的，掌握成果的“来龙去脉”，尤其是关键指标和核心技术，在后期的转化甚至市场化产品换代中将持续发挥作用，核心技术人员离开往往会带来巨大的损失。这与我国早期引进国外的先进技术和设备的情况很相似。由于后期维护运营和配件更新需要依靠外国专家,在苏联撤走专家后,后续的研究工作被迫投入大量的人力、物力。尽管这个过程锻炼了我们自主研发的能力,但也付出了高昂的代价。现在,欧美很多国家在“卡脖子”关键技术领域实施了对华禁令,首先就是对掌握相关科技成果的科学家团队的交流活动进行严格限制。

然而,拥有科技成果的专家教授在后续转化工作中的积极性和主观能动性存在很大差异。

有些专家教授专注于研究,认为自己缺乏市场化能力,不适合从事具体的产品开发等工作,希望企业能一次性将成果买过去,自己提供技术指导,把主要精力放在持续研发上。此外,大部分的专家、教授都是事业单位人员,福利待遇较好,社会地位也比较高,他们认为从事有失败风险的科技成果转化工作,自己不但要投入资金、花费精力,还要处理创办企业、求人跑市场等麻烦事,不如直接将科技成果转让给相关企业,获得收益,比较实在。

有些专家教授则觉得自己一辈子辛苦研究的成果,就如同自己的孩子一样,对于成果转化的全过程都不愿意假他人之手,同时,自己精力旺盛、团队市场意识强,

也有能力整合行业资源，因此较少考虑转让合作，即使接受合作，也要自己主导，凡事亲力亲为。

针对这些成果发明人的不同观念和参与方式，我们需要有相应的应对方法。前者可以通过技术转让交易合同保障其一次性收益，并在此基础上将部分利益股权化或在企业中给予其技术负责人等职务，以强化专家教授与企业的紧密联系。这样既能使专家教授分享科技成果转化的长期红利，同时也能激励其持续研发的热情。后者则要鼓励专家教授及其团队早日做好商业计划书，研究企业发展的规律，配备好相应的工程化、市场化团队，形成合理的组织架构，使其能高起点、规范化地创办企业，并在其创业的过程中，根据其需求持续提供帮助和服务。我们看到，在创业的队伍里，不乏这种专家型的企业家，他们思想解放、善于学习，对市场的理解比较深刻，由于起点比较高，创业成功率也相对比较高。

第二种人是技术经理人。他们可以是信息的推送者，可以是中介服务机构的从业者，可以是中试平台的技术人员，可以是校友投资人等，也可以是这几类人共同组成的一个团队。

国家发展改革委对技术经理人是这样定义的：“一

般是指在高校、科研院所等机构从事技术转移的专业人士。”技术经理人需具备良好的技术背景，能够辨识科技项目的技术水平和应用场景，能帮助科学家寻找合适的合伙人、组建创业团队，熟悉科技成果转化的法律法规和操作程序。我们也可以称之为广义的“技术经纪人”，前面我们提到过的国内外大学里的技术转移办公室就是其中最突出的代表，一般包括5个方面的专业人士：(1)专职从事技术转移的专业人员，比如高校、科研院所的科研处、成果转化处、技术转移中心及孵化平台等机构的工作人员；(2)企业高管如BD经理(业务拓展人员)，为其企业在高校、科研院所、小微研发单位里寻找好技术、好项目；(3)天使投资人，关注早期科技成果转化和技术转移，用市场化的眼光选择并支持项目的发展；(4)专利代理人或专利律师等科技中介机构服务人员，既为发明人服务，也为投资人和企业服务；(5)孵化器负责人、政府官员，为技术转移制定方针政策、法规，提供技术转移的法律保障、资金扶持和初创公司的孵化。

一个完整的技术转移流程复杂、耗时较长，需要投资人、企业家、技术经理人、律师、技术专家多方协作。技术经理人在科技成果转化过程中不仅要撮合交易，还要精通技术，懂得商务运作，熟悉法律和财会知识。

合格的技术经理人综合素质很高，在其他行业也是优质资源。技术经理人中高素质的专业人才十分匮乏，即使是在美国斯坦福大学技术许可办公室这样知名的机构中也不能做到长期满员，且人才流动性很大。同时，由于技术经理人并不需要专门认证，服务的质量和水平没有统一标准，有资源、有意愿即可从事该工作，因此整体队伍良莠不齐。其中，部分人员夸大自身对接资源的能力，多头收取费用，影响了技术经理人队伍的发展壮大，给许多专业技术转移示范机构的品牌树立造成困扰。

对技术经理人，政府要加大鼓励，支持其通过提供相应的服务合法获取佣金；也可以购买专业技术转移机构的服务，作为公共服务的一部分，提供给中小企业，助力专业化的技术经理人队伍不断壮大，进入良性发展轨道。政府还应加大对专业化机构和先进个人的宣传，打造一批类似德国史太白这样的知名技术转移示范机构，以及华中科技大学刘玉老师这样的先进典型，营造良好的科技成果转化环境。

第三种人是市场先行者。这些人大部分是承接成果的企业家，包括前面提到的拥有科技成果进行创业的第一种人。这个群体承担的风险最大，也是科技成果转化中跨越“达尔文海”的主要力量。他们要同时具备对产品技术的深刻理解力、对市场趋势的敏锐判断力、对风险压力的强大抵抗力，因此这种复合型人才非常难得。现代企业往往需要通过搭建团队的方式来强化这几方面的能力，很多投资机构对企业进行尽职调查时，重点考察的一个内容就是企业团队的组成是否合理、运转是否协调。

随着现代社会的高速发展和信息化水平的不断提升，技术、产品的商品化进程不断加快，很多科技成果转化项目在早期就会筹建股份制公司，对未来的利益分配和风险分担进行事先约定，从技术研发、生产管理、财务投资、市场销售等多个维度来组建合作团队，让各个领域的人才在早期就开始相互了解、磨合，在“边转边改、边改边转”中达到理念一致，形成结构合理的利益共同体。

现在，这种案例已经越来越多了。比如，武汉高科国有控股集团有限公司和武汉奥绿新生物科技股份有限公司联合发起成立了湖北省创新转化医学研究院，并设立了湖北省转化医学技术创新中心。这是首家面向临床的高端医疗器械转化创新联合体，在心脑及外周血管介入、骨科植入、微创外科精密手术三大细分领域，与院士和三甲医院医生合作，采用“1 个创新孵化中心＋1

支创投基金＋N个孵化企业”的科技成果转化模式，改变了创新医疗器械领域自主研发时间长、拿证难、耗资大、推广慢的现状，将临床医生的成果在研究院的中试熟化工程平台上快速打造成成熟产品，然后成立新公司，引入基金和管理团队，进行后期商业化运作。他们与科研人员的合作方式非常灵活，通过股权激励计划、销售提成等方式使得人才与企业的发展牢牢绑定，显著提升了产品更新迭代的速度。研究院成立不到2年时间，已经孵化了2家公司，融资数千万，拟在10年内培育10家上市公司，获取100张医疗器械注册证，打造千亿产业集群。由此可以看出，掌握科技成果转化规律，可以更好地动员各方面的资源，形成合力，在市场先行方面走得更早、获益更丰。

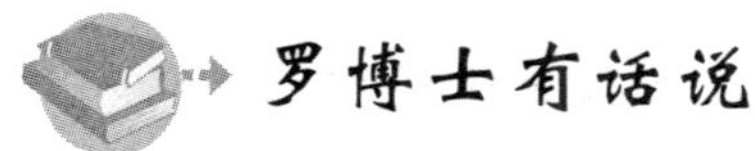

人才是推动科技成果转化的关键变量

不管是科技成果发明人，还是技术经理人和市场先行者，都是专业型、复合型高端人才。人才，是推动科技成果转化的关键变量。对科技成果转化而言，试验条件、科技资本、市场需求等固然很重要，但最重要的还是人。

为此,我提出以下四点建议:

一是加强人才的知识产权保护。高校、科研院所和各类科研机构中,最重要的不是大楼,而是大师,是人才。科技人才与一般人的差异在于,科技人才拥有丰富的知识与杰出的智慧,因此,一定要将这些人才的智慧产权化,加强知识产权保护。保护好知识产权,才有人愿意持续开展创新工作,也才有人愿意持续投资创新活动。

二是加强技术经理人队伍建设。技术转移的专业性很强,需要一批优秀的技术经理人来从事这项工作。以前,技术转移人才经常被人视为“中介”,社会普遍认为这类人只是简单地解决供需信息不对称的问题,可有可无。但事实上,技术经理人的角色非常关键,不仅要求高,而且总量稀缺,各高校、科研院所和企事业单位必须高度重视和大力加强技术经理人队伍建设。

三是加强企业人才培育。产业不断更新,技术不断进步,没有一成不变的产业和技术,因此,要不断加强产业技术人才培训,以满足产业发展需求。现在高校普遍没有设立技术转移专业,很少有高校能够培养既懂技术又懂市场的复合型技术转移人才,因此需要通过专业技能培训来加强现有人力资源的开发。

四是倡导和激发中国企业家精神。一方面,企业是

创新的主体，人类的进步中包括企业家精神带动的进步，社会应该尊重和爱护企业家，并为他们创造良好的环境，以激发他们创新创业的热情和动力。另一方面，企业家本身也需要具备创新精神和雄心壮志，勇于成为时代的“拓荒者”和“开拓者”，不畏困难、自力更生、艰苦奋斗，将看似不可能变为可能。

第二节　强化“人的激励”

我曾经在武汉云岭光电股份有限公司调研，这是一家以光通信激光器和探测器芯片产品为核心，集研发、制造和销售为一体的高新技术企业。近年来，在光通信产业的最上游——光芯片技术领域，该公司成为国内唯一一家通过测试并拥有自主知识产权的具备中高端光芯片研发能力的企业。公司负责人介绍说，此项研究起步很早，但在部分关键技术指标方面迟迟无法取得突破，后来公司引进了该领域的一位顶尖科学家，两年内就发生了质的变化，产品也迅速走上了商业化的道路。

这个案例告诉我们，在科技成果转化过程中，核心专家或团队的投入和努力是科技创新活动取得成功的关键。因此，抓住关键的人，使关键的人充分发挥作用，科技成果转化就离成功近了一步。

然而，在现实中，找到合适的人往往是最难的，企业求贤若渴，却经常由于信息不畅、渠道不通、缺少平台等，难以对接到合适的高端人才。

对于如何破解这个难题，各地也是想方设法、"各显神通"。

以浙江的玉环市为例，他们由政府部门带队，先期认真搜集企业的技术需求，然后到科教资源比较丰富的地区，与高校、科研院所的专业团队进行深入对接，把服务做得很深很细，并予以对接成功的企业一定的资金扶持。我曾经接待服务过玉环市的企业家人才队伍，他们由市里主要领导带队前来武汉寻求技术合作，提出的需求非常具体细致，如"机器转速达到××后，良品率下降"等。他们来到武汉，参加简短的对接大会后，就分头和专家们到实验室去参观、沟通了。

另外，一些企业通过与高校共建研发中心或研究院的形式，与专业领域前沿的研究团队保持长期互动联系，及时掌握最新成果和动态，以便在早期介入优质成果的转化。许多高校的实验室里都挂有各种大大小小的"牌子"，正是这种合作的成果。近几年，校企合作的横向项目在高校研发项目中的比重也在逐渐增加。

还有一些研发型企业，为了激励和留住核心人才，通过股权激励、期权激励等方式来实现长期激励，或通过销售量提成实现深度绑定，这些都是通过未来的增值来回报人才为企业发展作出的贡献。

上海、粤港澳大湾区等发达地区则以更加开放的姿态，实行首席科学家负责制。一些重大科研项目面向全球招标，在推进项目的同时达到了柔性引才的目的。例如，上海脑科学与类脑研究中心的建设由蒲慕明院士牵头，具体的科研项目设置由专家决定，全国各地的科研院所都可以承担，打破了地域的限制。

因此，在寻找人才、留住人才、用好人才方面，不论是企业还是政府部门，只有舍得投入时间、精力、金钱，才能真正吸引人才聚集。

具体的人才引进办法很多，各地也推出了很多“以薪留人，以情动人”的举措，但从更高的层面系统性地进行制度设计，激发科技成果转化中人的活力，才是更为长久和深层次的举措。从科技成果转化政策的制度设计变化来看，可以明显感受到政策在调动人的积极性方面的调整和进步。

我们来看 1996 年制定的《中华人民共和国促进科技成果转化法》，第二十九条提出：“科技成果完成单位将其职务科技成果转让给他人的，单位应当从转让该项职务科技成果所取得的净收入中，提取不低于百分之二十的比例，对完成该项科技成果及其转化作出重要贡献的人员给予奖励。”第三十条提出：“企业、事业单位独立研究开发或者与其他单位合作研究开发的科技成果实施转化成功投产后，单位应当连续三至五年从实施该科技成果新增留利中提取不低于百分之五的比例，对完成该项科技成果及其转化作出重要贡献的人员给予奖励。采用股份形式的企业，可以对在科技成果的研究开发、实施转化中作出重要贡献的有关人员的报酬或者奖励，按照国家有关规定将其折算为股份或者出资比例。该持股人依据其所持股份或者出资比例分享收益。”

而2015年修订的《中华人民共和国促进科技成果转化法》第四十五条提出：“科技成果完成单位未规定、也未与科技人员约定奖励和报酬的方式和数额的，按照下列标准对完成、转化职务科技成果作出重要贡献的人员给予奖励和报酬：(一)将该项职务科技成果转让、许可给他人实施的，从该项科技成果转让净收入或者许可净收入中提取不低于百分之五十的比例；(二)利用该项职务科技成果作价投资的，从该项科技成果形成的股份或者出资比例中提取不低于百分之五十的比例；(三)将该项职务科技成果自行实施或者与他人合作实施的，应当在实施转化成功投产后连续三至五年，每年从实施该项科技成果的营业利润中提取不低于百分之五的比例。”

这也是有名的科学技术成果使用、处置和收益“三权"改革核心条款之一。这项改革从武汉发端,得到国务院的肯定,写入法律法规并推广至全国。仔细比对新旧政策可以发现,新的政策吸收了国外相关法律法规的经验,并赋予了成果所有权的单位更大的自主处置权。除此之外,对个人的奖励和报酬提升幅度也很大。2020年科技部等9部门印发的《赋予科研人员职务科技成果所有权或长期使用权试点实施方案》,进一步凸显了科技成果转化过程中人的价值,从深层次激发科技人员创新、创业、创造的活力。

各部门和地方也纷纷出台相关配套支持政策。

2017年,《人力资源社会保障部关于支持和鼓励事业单位专业技术人员创新创业的指导意见》中提出"支持和鼓励事业单位专业技术人员兼职创新或者在职创办企业","支持和鼓励事业单位专业技术人员离岗创新创业"。这些兼职和创业人员,不但可以按规定享受国家创业有关扶持政策,还可以在原单位参加社会保险,享受工资、医疗等待遇。该政策促进了人才在事业单位和企业间的合理流动,也是科技成果转化中重要的激励举措之一。

2018年,财政部、税务总局、科技部在《关于科技人员取得职务科技成果转化现金奖励有关个人所得税政

策的通知》中提出:“从职务科技成果转化收入中给予科技人员的现金奖励,可减按50%计入科技人员当月‘工资、薪金所得’,依法缴纳个人所得税。”

到省市一级,科技成果转化的政策力度更大。有的地方将收益权提取比例提高到70%,甚至99%,又强化了示范、绩效考评、投融资支持、人员奖励等内容。这反映了各部门及各地政府更加重视科技成果转化过程中的人员奖励与利益分配等政策的激励作用。在实践中,更趋合理的利益分配确实调动了广大科技工作者的积极性,各地都掀起了推动科技成果转化的热潮。

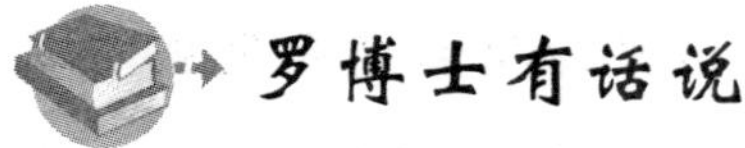

激发人才潜力是促进科技成果转化的最有效抓手

人才,是创新的第一要素。加强“人的激励”,是最有效的激励措施。最近几年,无论是高校、科研院所职务科技成果所有权赋权改革,还是技术经理人的职称评审政策,或者其他人才政策和评价改革政策等,都是聚焦“人的激励”。

“抢人”,已经是很多省市的重要工作。如广东的“珠江人才计划”、深圳的“孔雀计划”、武汉东湖高新区的“3551光谷人才计划”等,都是“抢人”的人才计划。

另外，湖北省教育厅设立“湖北产业教授”，鼓励高校聘请企业高管作为兼职教授，为学生提供实习实训机会，将企业实战经验和技能带入大学课堂，并作为高校与企业的纽带，促进科技成果转化。近两年，很多城市成立人才集团，很多高校成立党委人才工作部，进一步加强人才工作的组织与管理，为高端创新人才提供更好的服务，打造更好的政策与激励措施。

建议重点“抢”两类人才：第一类是顶尖科学家、科技领军人才等创新人才，在原始创新领域，尤其是“卡脖子”技术领域急需引入这类人才，以突破关键技术难题，加快核心技术攻关，上海、北京等大城市对这类人才的需求更为迫切；第二类是科技成果转化和产业化应用方面的专业人才，这类人才适用于高校、科研院所较多的城市，这些城市拥有众多科研平台和丰富的科技成果，需要专业人才来促进科技成果的转化和产业化。

第三节　推动人的“强强联合”

激励政策促进了科技成果转化的活跃。“十三五”期间，我国技术市场合同成交额翻了一番，2019 年超过 2.2 万亿元。《中国科技成果转化年度报告 2021(高等院校与科研院所篇)》中指出，多种方式转化的科技成果合同金额均呈上升趋势。奖励个人金额占成果转化现金和股权收入总额的比重超过 50%，奖励研发与转化主要贡献人员金额占奖励个人金额的比重超过 90%。这些数据显示，奖励个人、奖励关键人员已经成为科技成果转化收益分配的主流方式，激发人才活力和成果转化环境优化是一个相互影响、相互促进的过程。

随着经济社会的发展，社会分工不断细化，学科交叉融合趋势明显，科技成果转化具有长期性和复杂性。这几个特性决定了仅靠个人或团队的单打独斗，越来越难以完成重大科技创新的使命，必须寻求专业化的“强强联合”路径，才能有效实现科技成果转化的重大突破。

从各地政府部门的层面来看，搭建各类创新平台来促进人才“强强联合”是比较常用的措施之一。在第三章中我们已经介绍了平台的种类和存在的问题，以及如何建、如何用等问题。其中有一类值得关注和持续完善的平台，就是近年来各地大量建设的“四不像”新型研发机构。所谓“四不像”新型研发机构，即“不完全像大学，不完全像科研院所，不完全像企业，也不完全像事业单位”的机构，同时它们也是无级别、无经费、无编制的“三无”机构。建设这类机构是深化科技体制改革的模式创新路径之一，被各方面寄予厚望，期望能根治我国科研与市场对接“两张皮”的痼疾，以加大科技供给并形成充满活力的科技管理和运行机制。这类平台充分运用市场化机制，在人才灵活引进与经费分配使用方面拥有极大的自主权，可极大地提升科技成果转化效率。由于各地的重点支持和多方资源的注入，新型研发机构近几年来呈现井喷式发展，也成为资本市场的宠儿、跨国科研交流的生力军。

广东华中科技大学工业技术研究院作为粤港澳大湾区知名的新型研发机构之一，在组建的短短 6 个月里，其机器人应用中心就接到各类订单累计超过 5000 万元，甚至一度出现“企业排着队等签单”的场面。

而江苏省则是制定了系统支持新型研发机构的政

策，促进其跨越式发展。截至2020年底，江苏省共建立了438家新型研发机构，吸纳就业人员超1.6万人，年开展技术服务4.5万余项次，转化科技成果近1000项，累计引进、孵化企业4000余家，年收入超100亿元。其中，仅南京市就已组建新型研发机构超400家，孵化科技型企业近9000家，高新技术企业达6507家。

从企业层面来看，实现科技成果转化的“强强联合”，一方面，要主动与高校共建研发中心等校企合作平台，或者通过横向项目合作的方式将高校的技术团队纳入企业的自身建设。这样，企业可以更早地掌握高校的科技成果动态和行业领域的最新发展趋势，以确保能领先一步解决行业痛点，占据产业链的价值高端。如武汉回盛生物科技股份有限公司投资1亿元与华中农业大学共建了华中农业大学-回盛研究院，支持学校老师与企业共同开展动物疫病防治项目研究，就是为了长期保持旺盛的创新能力，不断开辟新赛道，促进企业的高质量发展。

另一方面，组建企业联合创新体也是一个大趋势，可以使分散在各单位的创新人才形成集合优势，呈现“1＋1＞2”的效应。一些行业协会、联盟及部分企业自发成立的协作组织已经在协作创新、风险共担、利益共享方面做了很多探索和尝试,使产业链在高度分工的网络中保持旺盛的创新能力。这方面,经济发达国家的做法更为成熟。如位于美国纽约的电气与电子工程师协会(简称 IEEE)是该领域最大的专业技术组织之一,对推动电工技术在理论方面的发展和应用方面的进步作出了巨大的贡献。企业联合创新体可以随着社会的变化快速调整,对某个领域的全球创新链、产业链拥有一定的话语权。

习近平总书记在中共十九届四中全会上提出“支持大中小企业和各类主体融通创新,创新促进科技成果转化机制”,在中共十九届五中全会上提出“推进产学研深度融合,支持企业牵头组建创新联合体,承担国家重大科技项目”。许多省市也出台了相应的支持、建设和管理办法,相信有了政府部门的重视和企业的自觉,创新联合体的发展速度会越来越快。

从具体项目的推进层面来看,我们要鼓励早日组建科技成果转化团队,单兵作战的时代已经过去,团队作战效率更高。随着社会分工的不断细化,一个人要掌握各方面的信息和资源的难度越来越大,团队组建过程往往也是一个信息与资源的整合过程,可以使科技成果转化的三种人才各司其职，让专业人沉下心去做专业事，这样整体的转化效率将会大大提高。如武汉理工大学科技合作与成果转化中心，同时搭建了校地研究院、校地技术转移中心、校地技术转移基地三级工作机构网络，根据学校在建工、交通、汽车等方面的学科优势，有意识地将相关专业的成果进行梳理，打包转化、组团出海，既提高了成果的交易价值，又获得了更多与大企业合作的机会，同时也减少了教授们的后顾之忧。近年来，该校横向合作经费年增长20%以上。

技术经理人和天使投资人也特别注重团队建设，通常会在介入科技成果转化项目的同时，帮助其招募和引进管理、商业方面的人才，做好多方面的人才储备，快速打造一支能够支撑成果转化全周期的队伍，以期减少转化过程中的波折，快速将成果从实验室推向市场。

对于人才的投入，再多都不为过。我们不仅要舍得给优秀人才资金、荣誉、项目，还要学会为优秀人才搭建平台、提供配套环境，更要对他们放手使用、耐心宽容，营造各类人才繁荣的生态。到那时，科技成果转化自然而然就上了一个台阶。

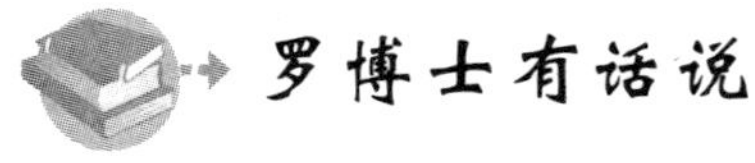

罗博士有话说

一个人可以走得很快,一群人却可以走得更远

打仗讲究多兵种联合,做科技成果转化也一样。各类服务机构、服务人员“强强联合”至关重要。我建议注意以下三个方面的联合:

一是高校、科研院所与企业联合。产教融合,产业给教育科研指明方向,会使高校、科研院所培养的人才更实用,科研市场成熟度更高,同时,教育和科研为企业提供人才和成果供给,实现“1+1>2”,合作共赢。举个例子,武汉国创科光电装备有限公司(以下简称“国创科”)是一家由学校科技成果转化落地的企业,由武汉华星光电技术有限公司(以下简称“华星光电”)与华中科技大学、国家数字化设计与制造创新中心等单位共同组建。华星光电负责指明研发方向,国创科负责具体设备研发,目前国创科研发的国内首台G4.5新型显示喷印装备已进入华星光电中试生产线。

二是服务机构之间联合互补。科技成果转化服务的链条很长,既有知识产权,又有科技金融,还有科技会展、信息化、法律、财税等方面的服务。服务机构之间相互补充,联合在一起,为客户提供完整的科技成果转化服务，形成创新创业服务生态系统，更有利于提高科技成果转化成功率。例如，中部知光技术转移有限公司以产品化的理念来设计科技成果转化服务内容，将知识产权培育、科技咨询、技术转移、知识产权运营、科技金融、平台建设、活动培训等服务进行产品化、模块化组合，通过自营、联营与他营的方式，为客户提供完整的科技成果转化服务。此外，这种灵活的模块化组合方式能够更好地满足企业的不同需求，提供更高效、更有弹性、更有针对性的支持。

三是技术与市场联合。一个科技成果要转化，光有技术是不行的，还需要市场的配合。不能技术人员看不起市场人员，市场人员看不起技术人员，而应该相互合作，共同推进技术、产品开发与市场推广。再好的技术最终都是为市场服务的，从科研的角度要追求技术的极致，从转化的角度要追求技术的合适，这些都是需要市场人员来启发和把握的。

第五章
规划合适的商业模式

很多人从字面意思理解，认为科技成果转化是科技部门的工作，但事实上，这是一项需要全社会共同参与的创新活动，也是现代经济活动的一部分。每一个具体的科技成果，都可能给人们的生产方式和生活方式带来巨大的改变，并相应带来利益格局的调整甚至是生产关系的调整。尤其是实验室及中试阶段完成后，科技成果必须与企业相结合、与产业相结合、与社会化大生产相结合，这时，市场化、商业化是科技成果转化不能不面对的考验。市场也是检验科技成果转化的重要指标。因此，商业模式就成为科技成果转化的关键要素之一。

第一节　商品化是科技成果转化的一部分

从科技成果转化的定义中我们可以看出，所有的科技成果转化最终都是要看经济效益和社会效益的，各方评价科技成果转化成效的指标也是围绕着这个核心设计的。或者说，商品化、产业化本来就是科技成果转化的一部分，有人将这个阶段称为科技成果转化的“最后一公里”。

虽然到了“最后一公里”，但要跑好这段冲刺之路也并非易事。进入商品化的阶段，科技成果看起来更加成熟，有的已经有了样品、产品，似乎已经度过了科技成果转化的“死亡之谷”，承接企业的接受度也大大提高了，部分科技成果甚至作为核心产品并以此成立了企业，各种资源的支持逐渐增多，胜利的曙光就在前方，形势一片大好。但很多时候就是找不到合适的商业模式，商业化的阶段难以突破，不少科技成果项目止步于此。

我曾经对接过一个法国的科技成果项目，该项目的成果是一种饲料添加剂，可以很好地改善养殖动物的品质，其在法国的应用推广效果很好。在前期的考察和对接中，相关企业对该项目也比较认可，但一直作为试验项目在进行合作，没走到大规模商业化的阶段。究其原因，我们发现国内的饲料行业竞争非常激烈，用户对价格变化很敏感，如果应用该成果，可能会因成本增加而导致市场份额被挤占，对接的企业认为得不偿失，因此难以推广。

应该说，商品化过程受外界环境的制约和影响更大，不可控因素更多，并不比成果转化早期轻松，我们需要将科研思维调整为商业思维才能更好地应对。“橘生淮南则为橘，生于淮北则为枳”，很多新技术、新成果、新产品都遇到过此类困境，在实验室阶段、中试熟化阶段，甚至到样品样机阶段都非常顺利，却在进入市场时败下阵来。之所以出现这种情况，很大程度上是因为没有做好前期的市场调研，没有完全按照商业规律来走好科技成果转化的“最后一公里”。

商品化阶段需要科技成果与现实市场环境不断磨合适应，其间所面对的困难和考验，很多时候超出了科技成果转化工作者的预期。比如：市场规模小、成本过高、品质不稳定等原因，导致科技成果不能满足商品化的基本条件；一些行业有特殊的门槛和限制等，但在转化早期没有充分准备或思考不足。具体而言，有的创新产品缺乏标准，迟迟得不到相关部门的认可；有的技术只能解决单一问题而无法应用在综合工程里；有的用户习惯比较固化，需要长时间培养；有的行业门槛较高，需要较长的时间才能取得资质；等等。像生物医药、医疗器械等行业，获得临床实验批件非常困难，这是这些领域科技成果转化中需要重点考虑的问题和环节。

一方面，我们要认识到，科技成果的商品化是大趋势，是现代经济社会发展的客观规律。在商品化氛围越来越浓厚的现代社会，知识商品化、艺术商品化的进程不断加快，我们要顺势而为，以更开放的思想来认识、接纳科技成果商品化加速的社会现实，找到科技创新与市场化、商业化的最佳结合点及最合适的结合方式。多一些商品化的思维，有利于拓展科技研发思路，也多一个维度来推动科技成果转化。当我们明确认识到科技成果转化的重要目标之一是获取商业利益，就会认真思考在新产品研制出来后如何开拓市场的问题。所谓“知己知彼，百战不殆”，只有对科技研发和商业化都有比较深入的了解，才能选择更合适的方向和赛道，从而实现真正意义上的成功转化。

另一方面，我们也要破除一种认识上的偏差。一直有部分科技工作者在呼吁不要过于功利化，要潜心做研究。这个理念是值得推崇的，国家总是需要一部分专家学者在基础性学科研究方面有所突破，在共性技术的研发方面有核心自主知识产权，为整个国家的发展和行业的发展打牢基础。尤其是在国防军工和一些关键的"卡脖子"技术方面，要有"十年磨一剑"的精神。

科技成果转化强调商业思维与科技工作者在具体研发中耐得住寂寞、默默奋斗并不冲突，夯实了基础研究，成果转化应用会更有底气，这是一个问题的两个方面。商品化是一种更好、更快地凸显科技成果价值的工具和方式，且不一定非要成果拥有者本人来实施，多用、善用社会服务机构会使我国大量的应用性研究与现实结合更紧密，从而避免闭门造车，还可有效节约科研资源。我们看到，大量源于高级别科研院所的科技成果转化项目，以及一些"军转民"的项目，起点很高，产品一上市就有很强的竞争优势，再匹配合适的商业模式，就会插上腾飞的翅膀，甚至带来产业链的变革。现在手机所用的无线传输技术就是由军用项目转化的。

社会发展越来越多元化，这给科技成果评价带来了多维度的考量。很多科技成果声称其技术指标在国内外领先，但在市场上却看不到它们的影子。如果我们仅仅满足于技术的先进性，沉浸在象牙塔中的研究和探索，我们的创新驱动发展战略就无从谈起。只有将优质的科技成果应用于最有发展前景的领域，才是真正的“物尽其用”。

例如，某企业研制的新材料，前期一直用于医用面膜，企业经营不温不火。后来，该企业发现这种材料还可以用于锂电池的隔膜，于是迅速转型为锂电池配套企业，企业发展立即跃上了一个新台阶。另一个案例就是很多企业都在做的3D打印设备。尽管这些设备都使用了3D打印技术，但有些只能打印玩具模型，有些却能制作医用骨关节，其技术含量、配套耗材和工艺精度的差异非常大。因此，商品化的路径选择和经济效益的呈现，往往也成为社会对科技成果转化的重要评判标准。

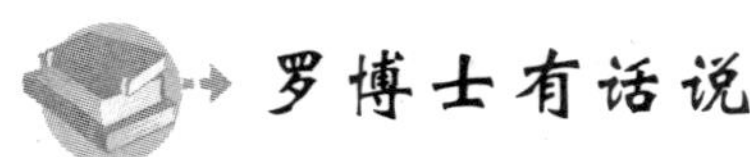

市场化的核心是产品化

成果转化的目的就是商品化，产业化的核心就是产品化。通过产学研合作或者创业，把技术转化成产品，把产品转化成商品，才能最终实现科研成果从书架走上货架。

不能解决市场痛点、在市场上没有竞争力的产品，就不是好商品。因此，以终为始，把市场的需求作为目标，为技术开发和产业化制订目标，科技成果转化效率才会更高。以苹果手机为例，它凭借对产品性能、外观和用户体验的追求，在智能手机市场上占据了重要的地位。苹果手机在设计上注重外观的简约、精致，同时在性能上进行了精细的调校，以提供更流畅的使用体验。解决市场痛点，提供有竞争力的产品，使苹果手机成为高端手机市场的领导者，并间接推动了整个行业的升级。

同时，成熟的、有竞争力的商品，不能光考虑技术因素，还要考虑产品的原料供给、生产成本与费用、运输与销售等因素。好的技术，不一定能生产出好的产品。好的产品，不一定能成为有竞争力的商品，也不一定能销售得好。举个例子，小米生态链产品的热销很大程度就是由于对产品性能、外观等进行极致打磨，不但使产品快速占领市场，甚至刺激整个行业走上了升级的快车道。

此外，商品化意识、商品研发能力、商品销售能力也非常重要。不以商品化为目的的科技成果转化，都是“耍流氓”。

第二节　商业规划有利于提高科技成果转化效率

大部分的科技成果推介都比较泛化，只是简单陈述其可能会解决某领域的痛点，或者形成某产业新的经济增长点，有些也会提供一个未经充分论证的大概数值，很少有对未来的商业前景进行具体描述的。这种科技成果推介方式很难快速引起对接企业的兴趣，让其产生合作意向。这也是我们在各种科技成果转化对接活动中比较头疼的问题，明明觉得双方应该比较契合，对接将非常顺利，但往往还需要多次辅导才能达成合作。因此，我在《科技成果转化有关实践性问题的思考》一文中专门强调了“成果商品化要早日规划”。

早日启动商业规划可以使科技成果转化少走弯路。前面我们说过，早期的科技成果存在较多不确定性，但也拥有很强的可塑性，尤其是一些跨领域、学科交叉的创新成果，一旦进入市场并在不同行业进行应用，就需要尽快启动商业规划，选定自己的主赛道，以更好地凸显科技成果的创新价值，使转化的效益最大化。同时，只有选定了市场方向，在寻找下一步转化的合作伙伴和行业资源时才能够更明确，也更容易找到突破口，从而避免摊子铺得过大，拖慢科技成果转化的进程。

生物医药领域经常可以见到这种情况。如现在比较热门的细胞和基因治疗方法可用于多种疾病的治疗。然而，每种疾病开展临床试验都需要不同的试验对象和资质认证，所需经费数额巨大。因此，生物医药企业通常会在完成药学、药理毒理学等临床前试验后布局多个管线，但并非同时开展，而是选择容易突破的管线，积极开展临床试验、完成工艺验证、申请药品注册、加快上市应用，同时还根据该管线的试验进度不断进行商业融资，争取社会资本的支持，待一款产品上市后，资金变得充裕时，才会开展另一管线的试验。

把握住研发和商业化的节奏，保持后续的平稳发展，是创新型企业必须学习的重要内容。在现实中，我们也看到不少因为商业规划不合理而失败的案例，尤其是一些创新成果刚有了一点起色，创始人就希望从原材料生产、产品加工、市场销售等多方面同时“上马”，介入整个产业链的创新，忽视了资金的压力和自身的驾驭能力。如果没有强有力的资金支持和管理团队支持，企业很容易在一些不熟悉的环节上“跌跟头”，或者当短期热度过去后，迅速“跌落神坛”，留下一个烂摊子。

然而，科技成果转化的商业规划不是一份普通的商业计划书，二者虽有相似之处，但也有很大区别。

普通的商业计划书主要是介绍企业的核心业务或核心理念，分析产品的用户痛点，阐述自身的解决方案，分析市场规模和竞争对手，强调自身的核心竞争力和盈利模式，最后提出自身的财务发展规划和融资需求。对于一般的创业型企业来说，能够把这几点表达清晰就差不多了。此外，投资机构会对每一部分进行深入细致的询问，有时也会给出一些发展建议或提供一些资源，这让创业者能够进一步理清发展思路，强化具体操作方法。因此，通过路演等形式展示商业计划书是一个提炼和表达的过程，有利于企业思考、调整和完善整体规划，对早期的创业型企业是非常有帮助的。我们看到，全国各地组织开展的各类创新创业大赛，均有商业计划书的路演环节，这种做法的目的是通过比赛的形式，挖掘一批有潜力的企业，为企业快速成长赋能，同时提供一个互相学习交流对接的平台，营造良好的氛围。

商业计划书主要面向外部合作伙伴。在很多项目路演中，评委点评时都会提到，企业主要应该讲清楚自己的优点和特点，少讲技术原理和研发细节，多讲成长前景和实现路径，最好能提供成本和未来收益的计算，以便投资人或合作企业能够快速了解企业，并找到合作的切入点，作出出资或合作的决策。

在做科技成果转化的商业规划时，可能很多项目还未组建企业。有人可能会问：连企业都没有，做商业规划的意义是什么呢？其实在科技成果转化的过程中，成立什么样的企业本身就是商业规划的一部分，例如，成立股份有限公司还是有限责任公司？团队如何组建？是通过技术出资的形式入股到已经比较成熟的企业里还是以科技成果为核心组建新的企业？未来的商业模式是以技术服务为核心还是以产品销售为核心？这些商业化的问题提出得越早，科技成果的转化效率就越高，因为很多问题的解决方案不止一个，往往是各有优劣，需要提前思考、沟通和协调。把这些内容一项项明确了，才能通过组建企业让团队的分工明晰，让懂技术的安心做研发，让负责运营的认真组织生产，让做销售的积极跑市场，在此基础上再去撰写商业计划书，就会比较顺畅了。

科技成果转化的商业规划首先要面向内部团队，主要是理清楚大思路、大方向，便于内部统一认知和进行决策。特别是当科技成果可应用的领域比较广、可选择的方案比较多的时候,可能需要从不同角度制订几套商业规划,再经过反复的比较论证,选取最优的方案。“凡事预则立,不预则废”,明确的商业规划可以节约科技成果转化的成本,避免多方向开发带来的后续支撑力量难以为继的问题。

我曾在发表的论文中提出,介绍科技成果时,不要一个简介“包打天下”,而应根据不同场合、不同对象编辑不同的版本,这样才能更好地将科技成果转化做到位。同样的道理,商业计划书也需要根据企业不同的发展阶段进行更新,科技成果的商业规划也需要随着研发进程的推进不断调整和完善。

从手机这个产品的变迁,我们可以看出基于技术发展的商业模式的调整和变化。手机最初是基于军方的无线通话技术向民用方向转化的一种产品,目的是解决有线电话携带不便的问题。虽然手机开始时以模拟信号为主,通话质量较差且价格昂贵,但是这并不妨碍其成为部分富裕人群和商务人士的心爱之物。昔日的爱立信、摩托罗拉等手机企业不断在屏幕尺寸、外观造型、打开方式、机身重量等产品本身上做文章。而随着互联网技术的快速发展和迭代升级,手机不仅能提供语言通话功能，还支持多媒体通信和数据交换服务。技术的不断迭代升级，智能化的需求不但改变了产品本身，也改变了手机的营销模式，比如很多手机都是与运营商捆绑销售，通过话费流量的分配收益来收回成本。智能技术也带动了相关产业和生活方式的改变，比如网购迅速冲击了实体经济的发展，大量的手机软件应运而生，短视频成为人们获取信息的重要方式。互联网技术改变了手机及整个产业的商业模式。

罗博士有话说

方向对了错不到哪里去，方向错了对不到哪里去

有人说，方向对了错不到哪里去，方向错了对不到哪里去。这话非常在理，反映的就是战略和规划的重要性。

在科技成果转化过程中，规划是至关重要的一部分，包括转化模式选择、路径规划及产业化计划等。科技成果转化既可以自主创业转化，也可以与其他企业合作转化。但不管选择哪种转化方式和模式，提前做好规划可以提高工作效率和成果转化率，同时节约时间和成本，避免走不必要的弯路。

举一个企业商标规划的案例。某团队 2020 年开始创业，当他们准备注册公司时才意识到需要申请一个图形商标作为企业的 LOGO，于是就急急忙忙找人设计，并委托商标代理公司申请注册了一个图形商标。然而，经过一年多的审核，商标申请被驳回，并且申请复审后还是没有通过。因此，该商标无法得到法律保护，不方便继续使用。但是，这个商标经过一段时间的使用，已经具有了一定的知名度。此外，如果重新设计和申请一个商标，又需要一段时间，且不能保证一定能审准注册。这使得企业创始人陷入了两难的境地。

虽然这只是一件小事，但不难看出，在创业过程中，“凡事预则立，不预则废”。即使是一个小小的商标，如果没有提前规划，也可能引发一系列麻烦。试想一下，如果企业创始人在开始筹划创业时做好相关规划，提前进行商标注册，就不会遇到这个问题。

第三节 具体商业模式的系统谋划

解决了认识问题后，在具体商业模式的系统谋划和实施中还有相当多的问题需要解决。大部分人往往会受到自身原有行业思维和职业思维的束缚，难以跳出过去的惯性经验和规范标准。尤其是在高校、科研院所等事业单位从事科学研究的人员，虽然通过日常的学习以及与相关人士的交流，形成了一些粗浅的商业思维，但往往是边干边学，对市场风险估计不足，常出现盲目乐观或遇到困难就畏缩不前的情况，给后期推动科技成果转化带来了巨大的障碍。

首先是商业模式的定位问题。2020 年在科创板上市的九号公司，是一个典型的由商业模式驱动的科技成果快速转化并取得巨大收益的案例。九号平衡车在 2014 年寻求投资时，还只是一款智能化的短途出行产品，由两个轮子、一个踏板组成，人可以站在上面灵活地前倾与后仰。小米集团的老总雷军听完产品介绍后，迅速将这个产品定位为消费级产品。随后，这家名叫 Ninebot 的创业公司成为小米生态链里最早的成员之一。仅仅一年之后，这家公司就成为商业教科书里“以小博大”的经典案例之一：并购了平衡车的“鼻祖”赛格威公司，2020 年上市，现市值过百亿，已经拥有智能电动平衡车、智能电动滑板车、电动卡丁车、智能电动两轮车、全地形车、机甲战车、服务机器人等多元化产品，在创新短交通出行、机器人、酷玩娱乐等多个领域推动了行业发展。

早期产品定位、运作模式设计的重要性不言而喻。现在，已经有越来越多的创业者认识到这一点，并在早期阶段进行思考和设计。尤其是经过了一轮“互联网＋”创业热潮的洗礼后，现在的创业者也越来越务实、越来越成熟，商业意识更强烈，商业思维更缜密。优秀的孵化器和科技园区一般都会匹配导师团队，通过多种形式的交流辅导活动，来帮助早期的科技型企业找准自己的定位。

其次，确定了大致定位后，具体商业模式的确立也不是一蹴而就的，往往需要商业思维的长期积淀和对市场的细致观察，并在此基础上做出敏锐的判断。要以能否获得利益或潜在利益为第一要义来看待具体问题，这是非常灵活且现实的。很多“羊毛出在猪身上，狗来买单”的案例，都是商业模式巧妙设计和运用的结果。

然而，模式也不能照抄照搬，共享经济模式有段时间非常火，但也有如“共享雨伞”“共享衣橱”等失败的案例。

攀升电脑公司于 2012 年成立时，电脑市场已经非常成熟且有众多的知名品牌，市场竞争非常激烈。该公司选择定位于高性能定制电脑市场，针对不同人群和需求，自主研发设计了多款机型，如学生电脑、影音娱乐电脑、家用电脑等。同时，该公司采用定制化与柔性生产模式，根据客户的需求进行个性化的配置，并通过高度自动化的生产线和智能仓储系统，快速响应市场变化。销售方面，该公司主要通过天猫、京东、拼多多等大型电商平台，在实现线上销售量快速增长的同时，也加强了与消费者的联系和互动，获得了市场的快速反馈，并不断优化产品设计和生产，以保持旺盛的生命力。通过改变传统电脑的标准化生产、固定配置、统一规格和线下销售等相对固化的商业模式，攀升电脑找到了传统电脑市场的突破口，在短短几年内实现了快速发展，年销售量达到 100 万台，成为高性能定制电脑领域全国领先的企业。这种通过商业模式创新闯出一片新天地的案例，值得许多企业学习借鉴。

选择比努力更重要，可选的商业模式不止一种，每种模式的具体操作办法、合作对象和宣传方式都有很多的细分类型，且各有利弊，因此常常使决策者陷入两难的境地。

有个半导体封装基板企业，拥有自身的核心知识产权，产品质量好且市场占有率高，和很多半导体大厂都有合作，但一直难以做大。主要原因是企业仅做基板，利润率较低，细分赛道的空间比较有限，想要进一步发展，就要向产业链的两端，即原材料或封装技术服务方向去拓展，但实施起来面临很多困难。一方面，企业资金不足，新的业务又需要加大投入；另一方面，相关的技术储备还不够，企业有很多想法，但可供选择的方案只有两种。一种方案是企业保持现有业务稳定发展，待其估值达到较高水平时，寻求行业龙头企业进行并购；另一种方案是找到理念比较契合的战略投资，并在合适的时机去收购上下游一些性价比合适的企业，以实现企业的快速跃升。

如何借势借力，如何取舍，如何找到合适的风口，是每个企业在发展需要上台阶时的关键性选择。有了这种意识,企业可以从商业角度认识到自身在下一步发展中存在的问题并找到相应的解决方案,然后就能安心地做好眼前的事,等待时机,寻找风口,抓住关键点以实现快速成长。

很多“互联网+”企业比较重视商业模式的选择。他们一边努力保持技术或内容上的创新优势,建立创新的“护城河”,一边积极与行业中的领军企业加强对接,与投资机构密切互动,不断提升自身的市场估值,抓住时机,促成飞跃。“独角兽”企业大都有这种经历,如湖北亿咖通科技有限公司一直在车载芯片、智能座舱、智能驾驶、高精度地图、大数据、车联网等方面不断努力,在获得吉利控股集团的战略投资后,迅速成长为备受资本市场青睐的头部“独角兽”企业。类似这种抓住风口的例子往往是资本市场十分推崇的。

虽然商业模式非常重要,但核心技术成果才是企业的根本,这是时刻都要关注的重心。并不是每个拥有核心技术的企业都要上市,都要快速做大做强。现在很多企业拥有“独门绝技”,选择在细分领域成为“小而美”的公司,我觉得这也是一种很好的选择。因为很多领域的市场空间有限,行业竞争反而不是十分激烈。认真做好产品，做好与产业链的配套，在熟悉的专业领域深耕细作，苦修内功，保持在细分领域的领先地位，这对社会资源的合理配置和优化使用是非常有意义的。

很多科技成果的转化并非完全创新，而是从现有产品和市场的痛点出发，提出解决思路或优化方案。这种转化更注重在技术指标的设置、工艺流程的优化、材料的替代、成本的控制及适配标准的统一等方面下功夫。

例如，数据线的接口统一标准后，使用USB接口的小电器就可以减配充电插头等部件，相关企业也无须再进行研发和生产，可以集中精力进行产品本身的创新，能极大地节约生产成本和社会资源。

目前，我国正在大力发展“专精特新”企业，很大程度上也是缘于上述考虑。产业繁荣主要靠众多高度专业化的中小企业，如果产业链上的每个中小企业都有“一技之长”，都有自己的生存之道，并能在细分领域做到极致，再通过高度分工和协同合作，就能使产业链保持强大的生命力和较高的效率。这样，我们的创新产品就能更好地控制成本，不断增强在世界市场的竞争力，整个产业链也能形成良好的生态，让“中国制造”能够长期保持巨大的规模化优势。

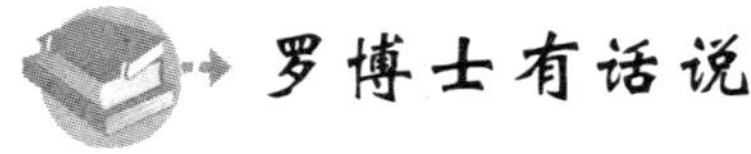
罗博士有话说

商业模式是创新的放大器

产业化的核心是产品化，通过科技成果转化，将技术转化成产品或者服务，是实现科技成果转化的关键一步。但如何将产品卖出去，并且通过产品的销售回笼资金，投入研发和再生产，继续扩大规模，提高利润，实现稳定、快速、长期的企业发展？

本节谈到两个问题，一是商业模式，二是核心技术。商业模式依赖于技术，而技术则通过商业模式实现转化。没有技术的支撑，没有核心技术的创新，纯粹地谈商业模式的项目越来越少见了。然而，只专注于技术创新，不考虑商业模式，即使技术再先进，产品再完美，也无法实现良好的商业化。

商业模式是创新的放大器。一方面，创新是“灵魂”“壁垒”和“护城河”，是企业长期立于不败之地的核心。创新可以帮助企业在市场竞争中脱颖而出，建立起与竞争对手的差异化优势。另一方面，商业模式将创新的优势放大到极致，有助于企业提速增效、快速衍生，并形成良好的生态系统。优秀的商业模式不仅能够推动产品的销售，还能够实现资源的有效配置、市场的快速拓展及持续的利润增长。

第四节　科技成果转化服务也要寻找商业模式

上面几节讲的是具体的科技成果项目商品化，以及企业如何选择商业模式。经济利益的驱动，对促进科技成果转化是非常重要的。然而，在科技成果转化过程中，还存在大量的配套服务环节。这些服务能不能赚钱也是影响科技成果转化成败的重要因素。因此，我们有必要找到科技成果转化服务市场盈利的模式和路径，以更好地构建完整的科技成果转化生态链。

科技成果转化和科技服务的发展是一体两面、相互影响的。我们看到，在科技成果转化非常活跃的地区，科技服务业相对也更发达。与科技成果转化配套的服务内容比较多，基本涵盖了科技服务业的方方面面，主要包括研究开发、技术转移、检验检测认证、创业孵化、知识产权、科技咨询、科技金融、科学技术普及和综合科技服务九个方面。然而，由于资源的约束和能力的限制，能够提供综合服务的机构较少，大部分机构通常只在其中某一方面具有特色和亮点，无法满足科技成果转化多维度的要求。

从现实情况看，这九个方面的科技服务，除了部分检验检测认证和知识产权服务的市场化进程比较快以外，与现代服务业中的物流服务、软件服务等业态相比，大都没有形成固定的运营模式，缺乏成熟的市场支撑。尽管不断进行市场化探索，但大部分服务的提供者仍然是高校、科研院所或体制内的事业单位，需要依赖公益性资金的强力支撑。

究其原因，主要是科技成果转化的专业性较强，个性化程度较高，加之科技成果未来收益前景不清晰，服务本身的收益不稳定、利润率不高、盈利点不明确。想从服务本身获得较好的收益是非常困难的，更不用说分享科技成果未来的发展红利。此外，提供专业化服务还存在一定的条件和资质门槛，导致市场化机构参与的积极性不高。

科技成果转化周期长，资金比较有限，用于购买专业化服务的经费也相对不足，社会上能提供的专业化服务标准不一，质量参差不齐。为了促进转化，很多科研人员不得不想方设法把自己变成“全能人”，花费大量精力亲自去做工程验证、创办企业、市场推广等原本不熟悉的工作。

随着近年来科技创新和科技成果转化进程的深入推进，科研人员对专业化配套服务的需求越来越旺盛。越来越多的市场化机构也看到这其中蕴藏的商机，纷纷开始从服务中挖掘更深层次的价值。

一是努力发掘行业共性服务中的利益。聚焦到一个行业中，通用技术和共性服务的需求量非常大，特别是一些行业的基础服务。把能够实现标准化、模块化的部分辅之以个性化的设计组合，不仅可以提高服务效率，还能扩大利润空间，有利于推动市场化运营。这种操作方式在信息网络和设计开发行业非常流行，值得所有从事科技服务的人员学习。

很多机构和平台正在尝试将自身富余的设备、人员的服务能力释放出来，通过提供独立的开放共享服务来实现服务利益的最大化。现在很多地区建设的大型仪器共享服务平台，就是基于以上目的。虽然大多数是由高校、科研院所提供实验设备，但企业在这方面已经越来越有自己的特色。例如，健民药业集团牵头组建的湖北省中药现代化工程技术研究中心，建有多种剂型的中试生产线，不但服务于企业自身的药品研发，也能为其他制药企业的多品种开发和小批量生产提供专业有效的服务。

二是通过向政府提供专业服务来凸显价值。科技成果转化的配套服务具有一定的公益性，尤其是一些基础性的服务工作，比如科技成果的梳理推送、中试熟化平台的建设、早期创业者的辅导培训，仅依靠体制内的机构服务远远不能满足社会的需求，需要政府购买社会化服务作为有力的支撑。相对来说，结果导向和量化考核的设计，会使购买的社会化服务更专业、更精准，效果更好，财政资金的使用绩效也更突出。

在上海、深圳等发达地区，政府比较善于通过购买第三方服务的方式支持科技创新和科技成果转化。在这些地区，有各种行业协会、咨询公司、事务所，它们能够完成行业分析、展览会务甚至规划设计等专业性工作，为政府的重大决策提供依据，为重要的组织活动提供事务性支撑。特别是需要进行大规模的企业政策培训等服务时，政府用“花钱买服务”的方式会更加便捷高效。然而，在其他大部分地区，这类操作还不太多，最大化用好社会力量仍然是政府公益性服务的短板。

目前，这种服务外包的内容越来越多，培养了一大批以此为生的中小企业和专业化服务机构，不仅提升了政府的公益性服务的数量和质量，而且促进了业态的成熟分化，客观上优化了科技成果转化的生态环境。各地政府还可以以此为抓手，打造科技服务业的专业品牌，并以之为牵引，营造良好的科技成果转化氛围。

三是着眼于服务之外的利益整合。由于科技成果转化服务链接的主体比较多，主体之间的交流互动可能会碰撞出新的火花，其中也蕴藏着很多商业机会。服务的价值是有一定外溢效应的，积累到了一定的量，也会有超出服务本身的效益产生。比如，服务中沉淀下来的大数据，可能会成为其他服务机构的信息来源。例如，很多提供高新技术企业认定服务的机构，多年来积累了大量的企业信息，这些信息往往能为金融机构的投融资服务提供支撑。由于提供长期跟踪服务，这些机构也会对企业的创新项目有更深入的了解和把握，碰到优质项目时，与专业投资机构一起做一些小规模的投资，可能会获得长远和高额的回报。

联想之星管理和运营的“创业 CEO 特训班”，通过向创业者提供专业的公益创业培训、优质的资源、“早期投资＋深度孵化”的特色服务，助力初创企业快速成长，打造了一个联想之星的创业生态圈，成为创业者身边的“超级天使”，而自身也发展成为总额超 40 亿元人民币的致力于早期投资的知名品牌基金，投资项目超过400个。

科技成果转化是一个长周期、多环节的过程。只有努力让每个围绕科技成果转化的专业服务都有生存空间、收益保障和发展前景，才能让科技成果转化更加顺畅高效。

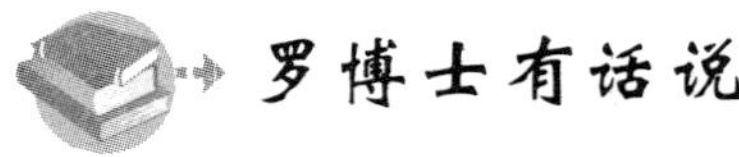

技术中介能收到服务费吗？

很多人认为，技术中介就像房产中介一样，把教授和企业老总或投资者拉到一起，然后就可以找他们收中介费。单纯做技术中介，这种商业模式在市场上能行得通吗？答案是否定的。

通过我的观察和了解，目前国内几乎没有以纯粹做技术中介为商业模式的科技成果转化服务机构取得成功的案例。这些技术中介很难做大做强，有的甚至根本收不到钱。本节介绍的模式，通过专业的服务，解决市场痛点是可以赚到钱的。但如果一个科技成果转化服务机构只做单纯的中介服务，非常容易被“跳单”，且供需对接、成果转化的周期长，不确定性高，中介模式的服务机构非常难以生存下去。

前面我们也谈到，强化信息匹配和供需对接是有价值的，但我们如何能获取这个价值呢？我在这里谈三个“绑定”。

一是服务的深度绑定。供需双方对接后会产生大量的服务需求，如知识产权的申报、团队人才的引进、重点项目的承接等。科技成果转化服务机构不仅需要提供信息匹配服务，也要具备其他的服务能力，通过后续服务中的收益来填补前期信息匹配服务的成本缺口，正所谓“羊毛出在猪身上”。

二是利益的深度绑定。服务机构做撮合对接的前提是认识到供需双方会碰撞出火花并产生新的利益，那科技成果转化服务机构也可以拿一点真金白银出来，投一点钱，分享后期发展的红利。当然，这要求服务机构有雄厚的资金实力和精准的判断力。

三是固定客户的深度绑定。优秀的科技成果转化服务机构不是坐等客户提需求，而是帮客户不断挖掘新需求并主动去对接资源，持续引导单一需求的客户产生更多的服务需求，使之成为自己的固定客户并签订长期服务合同，以此形成稳定的收益来源并建立客户的忠诚度。

总之，科技成果转化服务机构如果仅仅作为中介，很难在市场上获得成功。通过服务的深度绑定、利益的深度绑定和固定客户的深度绑定，服务机构可以收费并为企业提供有价值的服务。这样的商业模式不仅可以确保服务机构的盈利能力，也能够满足市场需求。

第六章
用好金融的力量

马克思曾说过："如果有百分之二十的利润，资本就会蠢蠢欲动；如果有百分之五十的利润，资本就会冒险；如果有百分之一百的利润，资本就敢于冒绞首的危险；如果有百分之三百的利润，资本就敢于践踏人间一切法律。"这几句话深刻地揭示了资本追逐利益的本质，让我们既看到资本的危害，也看到资本的力量。同样，面对科技成果在未来可能产生的巨大价值，各种敢于冒险的金融资本也一直对其充满浓厚的兴趣。美国斯坦福国际咨询研究所所长威廉·米勒曾指出："由于科学研究的早期有风险投资的参与，科学研究成果转化为商品的周期由二十年缩短为十多年。"随着社会的进步和发展，资本作为社会发展的重要生产要素，已经成为促进社会经济发展的有力工具。合理使用资本可以推动社会生产进步，对于科技成果转化而言，资本也是十分强大的利器，我们需要认真掌握其规律和方法。

第一节　科技成果转化离不开“钱的问题”

现在世界各国综合国力的竞争，是经济、政治、军事、技术、文化的全面竞争，尤其是科技的创新和率先突破已成为国际竞争的制高点。因此，在进行各种比较时，各国的科技投入水平是一个重要的衡量指标。许多国家都将目光瞄准前沿科技研究，集中大量的人力、物力和财力，争取理论层面的快速突破，并加速向现实生产力转化。各国之间的比拼不仅是多出成果、快出成果，而且要出颠覆性成果、高价值成果。

与之相伴而行的金融服务，是成果快速转化和加速成长的催化剂。可以说，科技成果转化的全生命周期都离不开资金支持和金融服务，解决“钱的问题”一直是科技成果转化绕不开的话题，尤其是社会化生产规模越来越大、分工越来越细化、行业协作越来越复杂的今天，科技研发和成果转化已经不是一个人或一个团队能单独完成的任务。资金支持是每个环节都必须优先和重点考虑的问题。

对于这个问题,欧美等发达国家比我国更早认识到,并且积累了大量成熟的经验。早在1994年,欧洲投资银行和欧盟的几个金融机构共同组建了欧洲投资基金,该基金的合作对象不仅包括各类风险投资机构,还包括科技成果转化机构、天使投资人,以及商业银行、小贷公司和信用担保公司等。具体方式是通过母基金投资产业基金的方式,间接投入早期科技型企业,或者通过提供融资担保的方式向企业提供信贷和担保服务。

美国硅谷聚集了大量的投资机构,其资金来源多为市场化的资金,包括私人资本、机构资本、公司资本及大量的社会闲散资金。政府主要通过财政贴息减免等政策推动资本向科技创新企业流动。

相比之下,中国的风险投资起步较晚,市场化程度不高,政府仍处于主导地位,资金规模偏低,风险投资机构运作不规范,企业自身的资本意识不强,缺乏经验丰富的风险投资家,法律和政策也需要进一步完善。

那么,在科技成果转化的每个阶段,资金怎么筹措?主要来源是什么?这些都是十分现实的问题。

科技成果的基础研究阶段基本都处于实验室阶段,

能够明确的通常只是理论上的可行性和技术上的先进性，能否形成可用于实践的产品还存在非常多的不确定因素。在这个阶段，财政资金或大型企业的公益性项目支持是不可或缺的。部分企业已经意识到基础研究的重要性，也在基础研究领域投入了大量资金，如华为大量招聘数学和物理方面的研究人才以强化公司的研发能力。在发达国家，有了资本的积累和支持，注重基础研究的公司数量更多。据统计，在2022年全球企业研发投入前50名中，美国企业最多，其中许多企业都是引领全球行业发展的风向标。

近年来，国家突出了坚持面向世界科技前沿的导向，高度重视基础科学研究和共性技术的研发投入，并放宽了财政资金使用限制，激发了更多专注于原始创新的科技工作者的热情。另外，由于认识到基础研究对解决产业瓶颈问题的重要性，国家有意识地建设布局了一批重点实验室和技术创新中心等创新平台，鼓励以创新联合体为主体，共同开展高质量的基础研究和共性技术开发，也带来了科技创新的新一轮热潮。

有些行业龙头企业，一直十分关注前沿技术和未来产业的科技动态。他们有意识地增加对行业领域理论性成果的研发投入，以期快人一步掌握关键核心技术，形成行业技术优势。以机器人领域为例，该行业前期自动化、信息化的相关知识和技术储备已具备相当条件，行业应用十分广泛。随着大数据处理能力的不断提高，很多企业加大了对人工智能理论基础研究的投入，并逐渐接近实现突破的拐点，带动机器人产业迎来新一轮的发展。其中，以应用引发的基础研究即“巴斯德象限”特征尤为明显。

进入中试熟化阶段的部分科技成果已经开始走出实验室，形成初创企业。这些初创企业的资金主要来自内源性融资及部分财政资金的支持。此外，个人投资者和天使投资人也是不可忽视的力量，他们敏锐的眼光和坚定的信心也成就了很多科技成果转化。

所谓内源性融资，实际指的是成果持有人或合伙人的自有资金，以及原企业未分配的利润等。绝大多数的早期资金就是这样筹措的。由于转化初期需要的资金量相对比较小，内源性融资操作更加灵活、快捷且成本较低。此外，真金白银的自有资金投入也能向外界传达出对该成果项目的信心和决心。因此，很多投资机构要求成果持有人在技术入股时最好能有实质性的资金投入。如微软最早的两个创始人也是合伙人比尔·盖茨和保罗·艾伦，由于对计算机的共同爱好和对未来的乐观判断，从个人投入开始，将微软公司一步步发展成为全球最著名的计算机企业之一。

政府财政资金支持大多为申请制，具有较强的竞争性，虽然解决了部分创新型企业科研活动经费困难的问题，但相对来说十分有限，覆盖面较小，也缺乏长期滚动支持的机制，使用限制较多，效率并不高。另外，虽然存在一些普惠性的财税补贴减免政策，比如小微企业的税收减免、研发费用加计扣除、政策性融资担保风险补贴等政策，但对于早期的科技型企业而言，获得感还是不强。

此时有部分天使投资机构已经开始介入。这些机构更加关注产业的发展动态，在早期就开始布局未来新赛道，以追求更长远的利益。例如，由水木清华理事会及多位清华大学校友共同出资、清华大学控股、中关村管委会参与支持的水木清华校友基金，是国内第一支大学风险资本，其在追求利润的同时，注重投资的公益属性和社会属性，锚定大学的科技成果转化项目，追着学生或校友走。水木清华校友基金专注于前沿技术的商业化，布局并投资了50多家早期科技驱动型创业公司，其中包括36氪空间、有感科技等一批细分领域的佼佼者。此外，该基金还与知名品牌资本合作，提供项目孵化、资本支持和资源匹配等服务，构建了一个长周期科技成果转化项目的投资生态圈，实现了价值共创。

通常科技成果进入样品和产品阶段后,会进入交易阶段或企业快速发展阶段,以追求更大的价值实现。这些充满创新活力的企业成为各种资金追逐的优质标的。通过股权融资、债券融资渠道获取资金的机会在增多,但是股权债券融资门槛高、限制多,获得资金仍是小概率事件。

比较常见的融资方式是银行贷款。各级各类银行,从国家的要求和自身的发展出发,为不同类型、不同发展阶段的企业打造了很多创新产品,有线上产品也有线下产品,有资产抵押、合同质押等传统模式,也有以信用担保为主的知识产权贷、人才贷等。然而,对于大部分科技型中小企业来说,轻资产、高风险等特点导致的融资难问题仍然普遍存在。

这个阶段风险投资机构跟进的速度也比较快,特别是对那些有独特技术优势的成果和产品,投资机构会将其作为新的赛道或新的经济增长点,不但会投入大量的资金,同时还会协助企业整合各方面的资源渠道,追求成果的爆发式增长。然而,投资机构在这个阶段仍然非常谨慎,想要获得资本的青睐就需要非常亮眼的业绩。

此时,一批上市龙头企业和战略资本也会花费大量精力来寻找刚刚萌芽的新成果、新技术和新产品。他们会非常敏锐地察觉到这些创新成果与其现有资源和渠道结合后，可能在未来产生的巨变和巨额利润，并通过购买大量的科研成果、并购一批有创新性成果的小企业或通过联合创建新公司来掌控和加速科技成果的转化。例如，腾讯投资了多家游戏公司，通过收购拥有一定受众的优质游戏，并将其纳入腾讯游戏平台，来保持其在游戏领域的强大影响力和巨大收益。

在科技成果转化的不同阶段，投入都是极其重要的，金融和资本也相应地发挥着作用。除此之外，还有很多金融服务和资本组织形式，都能根据具体的情况进行灵活变化。例如，相关企业的交叉持股，可以很好地整合上下游企业，有效解决现金流不足的问题。此外，债转股、股转债等形式，也为资金投入后出现的与预期不一致的情况提供了解决方案。和西方发达国家相比，我国的金融市场环境还存在很多制约因素，尤其是风险投资尚不成熟，科技成果在转化过程中的资金支持未形成完善的投资机制，导致很多科技成果在转化过程中，为了争取项目和资金而多方奔走、苦苦协调，十分艰难。这也是我们未来需要深入探索的重要内容。

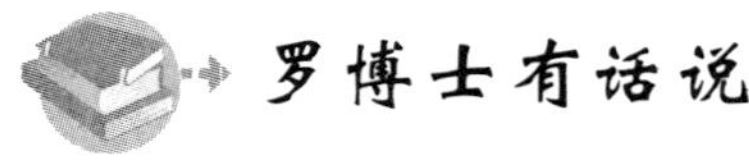

罗博士有话说

钱不是万能的,但科技成果转化没有钱是万万不能的

科技成果转化不仅需要钱,而且需要大量的钱。

无论是知识产权的保护,还是市场调研、成果推广与合作对接,都需要钱,更不用说概念验证、小试/中试/大试、工程化试验及建立产业化工厂和车间,这些环节更需要大量的经费支持。

本节介绍了不同阶段的资金的可能来源与渠道,非常适用。

科技成果转化项目早期适合找政府寻求资金支持,通过人才计划、产业化项目等得到免费支持。然后可以寻找种子基金、天使基金,再根据不同发展阶段,找风险投资、私募股权投资或产业基金投资。当然,除了股权融资外,也可以找银行贷款进行债权融资。

另外,还有两种新型的融资方式可以考虑,即知识产权质押融资和知识产权证券化。

一、知识产权质押融资

为了支持科技成果转化和科技型中小企业发展,国家大力支持知识产权质押融资,对贷款申请方拥有的专利、商标等无形资产进行评估作价,抵押后给予相应额度的贷款，且各省市对应出台了很多贴息政策。根据国家相关统计数据，我国2022年全年专利商标质押融资金额首次突破4000亿元，连续三年保持40%以上的增速。惠及企业2.6万家，其中70.5%的企业为中小微企业。

二、知识产权证券化

知识产权证券化是指以知识产权未来预期收益为支撑，通过发行市场流通证券进行融资的创新融资方式。知识产权证券化作为一种重要的金融创新，让一纸专利变成经济收益，为广大科创企业提供了一条全新的融资路径。根据国家相关统计数据，截至2022年12月31日，全国共发行知识产权证券化产品101单，累计发行规模达246亿元，所在地区包括北京、广州、深圳、上海、佛山、温州、苏州、烟台、南京、合肥、杭州、台州、天津、东莞、珠海、宿迁等城市。

第二节 用好金融资本是一门技术活

科技成果转化需要大量的资金投入,各方面已经达成共识。不论是政府财政资金投入、商业银行贷款还是风险投资都有很多限制性条件。项目要获得支持并不是一件容易的事,这也是我国科技成果转化存在的障碍之一。究其原因,除了需要投入的各方进一步解放思想、放松管制以外,从事转化工作的人员也要更好地理解、掌握金融资本的一些基本要求和规律,使科技成果能更好地与金融服务相契合,提高获得金融支持的概率,充分发挥金融在科技成果转化中的促进作用。

首先,最好组建一个企业法人,成为一个有权拥有资产、承担负债,并独立从事社会经济活动的主体。科技成果转化涉及的责、权、利关系比较复杂,特别是未来可能产生的风险和利益分配,都需要有明确的约定方案。银行和投资机构,通常要求以独立的企业法人单位为主体，而不是以单个项目为主体。因此，在引入资本前，要选择好承接成果的企业，或者以成果为核心创办一个新企业。

其次，要做到产权清晰。以知识产权出资的股东或者发起人应对知识产权拥有所有权。也就是说，用于作价入股的知识产权必须同时具备两个基本条件：一是出资人拥有完全、合法、有效的相关知识产权权利，并且产权关系明晰；二是用于投资作价入股的知识产权具有一定的价值，可以依法转让。从产权关系来看，投资入股的出资人是否享有知识产权？其权利证书上所载明的权利是个人拥有，还是法人拥有？是一人拥有，还是多人拥有？有没有产权纠纷？这些都是需要考虑的问题。出资人只有拥有合法、有效和完全的知识产权所有权，而不是使用权，才可以投资入股。对于产权关系不清楚或者不公开的技术秘密等是无法为其办理产权过户与验资手续的。

投资人看项目时，对核心技术的权属问题十分重视。高校科研机构成果的知识产权大多数归单位所有，属于职务科技成果。然而，很多教师在没有告知单位、没有签订相关协议的情况下，就开始利用相关技术成果创办公司。有的是怕麻烦，也有的是为了规避管理要求。在初创阶段，很多单位选择“睁一只眼闭一只眼”，采取一种默许鼓励的态度。一旦企业发展良好，有资本进入或即将上市，知识产权的权利归属或利益分配问题就成了绕不过去的障碍。此时再明确各方关系就需要经过冗长的行政决策流程。有些高校职务科技成果的处置和国有资产变更需要经过教育部的评估和同意，代价较大不说，有时还会拖累企业的融资或上市进程。

再次，财务规范也是初期要注意的问题。中小企业80％的融资来自银行，银行贷款是中小企业融资的主要渠道。然而，这些企业信息披露意识较为薄弱，财务信息也不透明，而财务信息恰恰是金融信贷机构最关注的问题。很多科技成果在转化初期成立公司以后，仍然将大量的精力放在研发上，尤其是在初创企业资金少、人手紧张的情况下，可能只是简单地记个流水账，忽视了企业内控制度、不同资金收付管理制度的建设、财务报表分析和资金预算管理。这种情况一方面会影响企业真实利润的表达，让投资机构无法看出核心业务的竞争优势，更不用说商业模式的架构了。另一方面，由于财务管理不善，频繁出现坏账和流动资金短缺等问题，会影响银行和机构对企业的信用评价，给融资带来障碍。因此，不管是设立专门的财务部门还是请专业人士代账，一定要将财务管理视为企业管理的重要组成部分。现在很多孵化机构、园区都为入驻的企业提供了相应的服务，旨在借助金融的力量，给企业进一步发展打下良好基础。

"没有规矩，不成方圆"，规范的财务管理有利于企业的内部管理，同时企业能从数据的变化中预测未来的发展态势。这也是银行发放贷款和投资机构尽职调查前必须考察的内容。我们注意到，中小企业首次贷款困难的重要原因之一就是财务不规范，无法通过银行基本的信用系统审核。特别是对于有创新成果、需要不断研发投入的企业，财务归集合理的，研发投入可享受国家加计扣除的税收优惠政策，做到对国家税收优惠等政策的应享尽享，能极大地减轻企业负担。通过强化日常财务管理，能够很好地观察现金流的变化，方便企业管理者更好地控制研发进程，正确评估前期成果转化的产品收益，计算支撑后期发展需要的投入，有重点地进行突破，以免摊子铺得太大，陷入难以为继的困境中。这种理性的管理方式更容易获得银行和投资机构的认可。

企业获得资金后还要考虑如何使用。现金流管理良好的公司会得到投资机构的信任，因为没有机构希望自己的资金被浪费。一些创业公司一旦获得资金，就大量招兵买马，租气派的办公场所，买昂贵的设备，并在广告推广和获取流量方面大手笔投入，希望通过“烧钱”的方式来支撑公司的快速发展，结果后期融资不理想，业绩无法支撑，公司很快陷入破产的窘境。真正的行业巨头都是靠当初的精打细算熬过来的，资金预算规划甚至要精确到月或周。据统计，完成一轮融资至少需要半年的时间，因此，一般公司账上最好有不少于 6 个月的现金储备。这对于初创企业来说是一个必须面对的考验。

专业的财务服务是科技成果转化“轻装上阵”的有力助手。从具体的科研成果到以成果为核心的创业企业，涉及方方面面的转变，而初创团队往往需要解决大量具体经营中的问题，财务管理又是其核心内容。一方面，创业初期合伙人团队中最好有专业的财务管理人士，有条件的企业应尽量设置专门的财务部门；另一方面，可以通过外包的方式，委托市场上专业的会计师事务所、财税服务机构等第三方机构来做好财务方面的管理，避免初创企业出现常见的公私不分、收支混乱、欠税漏税等问题，有利于企业保持良好的信用，为将来的投融资打下基础。现在，为企业服务的专业化机构越来越成熟，除了社会上的营利性机构外，很多孵化载体和园区也提供公共的非营利性的工商、财务和法律服务，对早期的企业来说，也是可以依靠的力量。

希望引入风险投资的企业，还可以有意识地尽早接触一些FA机构（新型投资银行），借助他们的力量，学习资本运作的规律和方法，更好地展示企业的投资价值，提前与龙头企业、渠道商、战略资本等进行接触，做好资源整合，设计好股权交易结构，把握好资本进入的节奏。融资不是谁的钱都好，也不是钱越多越好，钱太多一时花不掉，存在那里不用就是浪费，股权提前被稀释也很麻烦。马克·扎克伯格在公司上市时还掌握着28.1%的股权，这与他在合适的时间寻找合适的投资人有很大关系。

资本运作有很多专业的方法。例如，首先选择一个创新性很强、短期竞争较小的赛道，进行大规模资本支持，然后从外观、使用场景等方面进行产品创新，再以代工等投入较小的方式搭建供应链，通过网络营销快速打响品牌知名度，对传统的产品进行降维打击。以摩拜单车为例，通过自行车的远程控制芯片技术，迅速占领了共享自行车市场。这是资本推动科技成果转化和推广应用的典型案例。

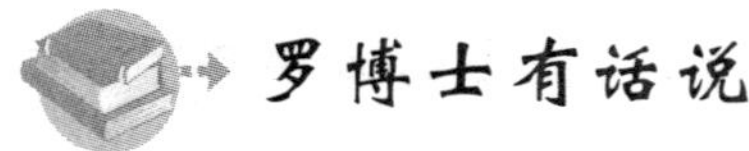

怎样融资并用好资本是创业必修课

本节从筹集资金、用好资金两个方面分享了很好的经验和建议，我完全同意本节观点。对于科技成果产业化来说，融资是一门必修课。且获得资金后，用好每一分钱也非常重要。有为才有位，有位更有为，企业创始人或团队只有不断筹集资金并在每个阶段合理分配经费，企业才能可持续地快速发展。

一方面，要做好、做足融资的功课。首先，要想获得资金，一定要找准赛道，选好项目，让投资者看到项目的价值和发展前景。其次，要规范管理、财务干净、产权清晰。特别是高校、科研院所的成果转化项目，投资者确实比较害怕，担心职务科技成果处置时手续不完整、不齐备，害怕出现产权纠纷。

自 2015 年修订的《中华人民共和国促进科技成果转化法》实施以来，这些担心在逐渐减少，最近几年国家又开展了高校、科研院所职务科技成果所有权赋权改革试点工作，以及最近正在探索的高校、科研院所职务科技成果不再作为国有资产管理的职务科技成果单列管理改革。以后高校、科研院所职务科技成果转化从法律和制度层面估计不再存在问题，但手续完整、齐备仍然是必需的。该走的程序必须走，该签字的必须签字，该存档的要做到台账清晰，每一个处置环节要做到有法可依，并且可以追溯。

建议各高校、科研院所等国家设立的科研机构在职务科技成果转化时，一定要请熟悉无形资产作价入股的机构或人员提供专业咨询与服务，以免在后续产业化过程中产生不必要的麻烦。

另一方面，要用好、用足每一分钱。投资人给项目投资，也是对公司创始人团队的信任。投资者的钱不是白送的，必须在约定的时间内达到预期的效果。部分达不到约定的，有时会触发其他约定条款，如对赌协议之类，这可能会给个人及公司的后续发展带来很大的拖累。因此，用好每一分钱，让每一分钱的价值和效益实现最大化，是成果转化团队要做的核心工作。切忌融资之后就大手大脚，列支不必要的预算或铺张浪费。即使资金充裕，也要保持忧患意识和风险意识，统筹规划、精打细算，力争每一笔预算都能用得恰到好处。

第三节 保持和金融资本的合理距离

金融资本能够加快科技成果转化的进度，因此，各级各地政府出台了许多科技金融政策，不断推进科技成果与金融资本的结合。然而，凡事都是有利有弊的，企业同样也需要警惕金融资本的负面作用。

融资都是有代价的。贷款需要支付利息，融资有时也存在中间费用。虽然国家为了支持实体经济的发展，针对科技型企业已经出台了很多利率优惠政策，尤其是初创企业、科技型企业和服务型企业。然而，这些企业大部分都是轻资产运营，缺乏合适的抵押物，信用记录还没有完全建立起来，这使得银行很难给予授信。有时候，企业还需要购买一些保险或提供担保，各种综合费率加起来也是不小的负担。因此，企业在借贷之前一定要进行评估，贷多少、贷多久，如到期无法还款，将会形成不良信用记录，给后期的投融资带来障碍。

企业在与民间借贷公司或一些线上贷款平台打交

道时，更要格外小心。不断滚动计算的利息很可能会带来意想不到的压力。此外，有时金融机构还会要求将企业负责人的个人资产与企业关联起来，这意味着一旦企业破产，个人和家庭生活也会受到巨大影响。

若获得银行贷款的支持，企业发展会更从容一些。只要保持稳定增长，保持利润的增长高于利息，拥有良好的现金流，银行一般会通过各种贷款创新产品来帮助企业。相对而言，在市场波动不大时，传统企业、成熟企业将更受青睐，而以某项科技成果为核心的创新型企业则较难获取银行贷款。

许多创新型企业将更多的融资希望寄托在风险投资上。然而，国内的风险投资与西方发达国家相比仍不够完善，其覆盖面窄、偏保守，能够成功获得投资是一个小概率事件。

资本是把双刃剑。风险投资追求高回报率，在项目选择上比较苛刻。尽职调查时，除了关注项目的创新性、团队构成和现实成长性之外，还要反复论证未来的发展空间、考察行业竞争对手以及下一步可拓展的领域。无论是技术创新还是模式创新，高速增长、超额利润的项目是资本最喜爱的标的。

资本逐利的特性有时也会带来一些负面影响。他们往往被轻松获利的前景所吸引，容易改变初衷，缺乏对长远发展的耐心，有了收益就想快速套现走人。比如，他们会压缩对研发的投入，与企业签订对赌协议，在给予核心人员期权方面斤斤计较等。这些短期行为都不利于科技成果的持续转化和多领域的应用拓展。

因此，不仅资本需要选择项目，项目方也要学会选择合适的资本。选择有行业背景的战略投资，对科技成果转化更有利，战略投资者往往更有耐心去进行资源整合，不在意短期利益，会不断强化研发投入，将科技成果的优势与特色持续放大。

资本有时会给科技成果转化人员带来一种一夜暴富的幻想。我们注意到，一些科技成果持有者在获得投资后会产生一定程度的自我膨胀，有时会盲目开展新项目、增加硬件投入、扩大生产规模等，与资本方产生矛盾，导致项目失败的情况不在少数。也有些人高估了企业的价值，在二次融资时很难与新的资本达成协议，错过了发展的风口时期。更有些研发人员在尝到甜头后，不再将精力放在产品的研发和升级换代上，而是热衷于各种路演、宣传，以期快速融到新的资金，忘记了成果本身的创新才是核心，才是王道。

另一种情况是随着股权的不断稀释，原来的管理团队话语权越来越小，在如何开发新项目、选择新赛道方面失去主导权和决策权，核心技术人员的利益被弱化，积极性受到影响，导致企业的后期发展迟缓或停滞。资本掌握主控权后，很多时候因为对专业和行业不够了解，一味追求落袋为安，往往将项目在高估值时快速变现。

在接受投资的过程中，有很多值得学习的内容。比如，早期阶段设计好股权的分配比例，是同股同权还是同股不同权，这在协议文件签署后会有很大的区别，特别是对保证原管理团队在资本进入后仍然拥有一定的主控权，保持未来发展方向的前瞻性和稳定性而言，差别很大。同时，为了持续引进人才、实现快速增长，还需要留出一定比例的股份进行全员持股或期权激励，并做好先期的协商，便于更好地调动员工的积极性，稳定核心人才队伍，避免后期产生利益争端。此外，与合作企业、上下游企业采取交叉持股等方式，既可以避免一次性投入大量现金，又能够达到降低协调成本、提高研发效率、共享产业链发展红利等目的。

我在《关于投后创新的思考》一文里也提到，获得投资以后，企业发展的压力其实更大了，需要政府和全社会的共同支持，保持合理的创新强度和节奏，才能帮助企业健康快速地成长。

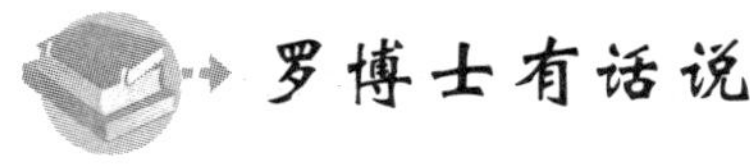

资本是逐利的、嗜血的

资本不是慈善,资本是逐利的。不要指望投资者无偿资助,资本都是有目的的,投资你的项目,是有条件和要求的。资本投资100万元,是希望你能帮他赚100万元、200万元甚至更多。有时,投资者在投资之后会根据股权的比例或多或少参与公司的管理,甚至左右公司的决策。有时,在投资之后,创始人不能按期实现投资者的期望目标,投资者会通过预先签订的协议条款,采取相应的措施和手段对创始人进行制衡、处罚,甚至剥夺其公司控制权。

资本有其美好的一面,但资本的另外一面是"嗜血怪兽"。最初投资时,双方都很友好客气,亲如一家。很多投资机构在投资企业时,要求与创始人签订对赌协议,如果到规定时间,创始人没能达到对赌协议中的业绩条款,投资机构很可能逼迫创始人回购股权、赔偿投资,或者让创始人转让股权甚至剥夺其公司控制权。在利益发生冲突时,朋友会变成对手。

在此,对从事科技成果产业化和开公司创业的朋友提几条建议:

一是慎重签订条件苛刻的对赌协议。特别注意，不能为了解决短期的困难，与要求很高的资本轻易签订不合理的甚至无法实现的对赌协议。短期的困难有时可以想其他的办法克服，一旦盲目签署不合理的对赌协议无异于饮鸩止渴，将陷入万劫不复之地。很多创始人就是因为签订了不合理的对赌协议，把公司的前途和个人的命运都赌上去了，一旦无法实现业绩目标，将完全失去公司控制权，被投资者扫地出门。

二是平时注意保持现金流稳定。要有自我造血能力，同时建立多方面的融资渠道，尽量避免陷于资金短缺的境地。一旦现金流短缺、捉襟见肘，融资时就容易陷入被动的谈判局面。在被动局面下，公司融资时估值很难提升，并且可能会被一些投资者利用，逼迫创始人签订不利条款。

三是经营管理不要孤注一掷。很多企业融资成功后，为了满足对赌条件和实现经营目标，倾向于孤注一掷、铤而走险，甚至业绩造假、经营管理打擦边球。经营管理不规范，一旦出现问题，可能就是违法乱纪的问题，性质非常严重，对企业来说是致命的。孤注一掷的行为本身也有赌博的成分，有可能赢得一时，但也有可能彻底输掉。赌赢了还好，如果赌输了怎么办？赌输了有可能会失去企业的控制权，甚至把企业带上不归路！

第四节　强化企业投后创新

在风险投资的“募、投、管、退”四大环节中，投后管理的重要性不言而喻，它也是决定资本顺利退出，并真正将投资回报落袋为安的关键。投后管理是专业性很强的工作，早期市场上成熟项目众多时，投后管理工作主要集中在对财务数据的监控上。随着越来越多的风险投资向“投早、投小、投科技”的早期科技项目倾斜，投资机构也在不断加强专业化建设。相较于其他管理风险，成果转化和技术产品的研发创新风险更加难以掌控。然而，研发创新顺利与否却是决定投后管理成败关键中的关键。一方面，投资机构不仅要掌握相关领域的专业技术知识，还要对行业动态、市场模式、资源分布有非常深入的见解，这也是很多机构能够提供高水平行业研究报告的原因。另一方面，机构还要积极参与到被投企业的创新实践中去，投入精力、投入资源，帮助企业解决具体的困难和问题，陪伴企业共同成长。只有保持被投企业的高成长性，才能在约定的投资期内兑现投资收益，完成一轮完整的投资过程。

在普通人的认知里，经过前期的风险控制、反复论证和理性决策后，企业拿到了投资，似乎意味着成果转化成功了一大半，企业也跃升到了一个新的层次，后期会沿着既定的设想顺利发展。许多人认为有了资金的支持，企业自然会高速成长，投资机构也可以坐享其成。但实际上，投资后的机构往往压力更大，需要不断打造新的亮点和热点，吸引更多社会资本进入，来持续提升估值，实现投资回报的倍数增长。尤其是在企业产品和技术更新迭代频繁的情况下，能否保持高速发展态势和较长时间的竞争优势，越来越成为考量投资项目成功与否的重要指标。

在现实中，企业获取投资后，确实会进入一个更高的发展阶段，理念目标、管理方法和运营模式都会发生很多变化。但在“骤然暴富”的情况下，也可能出现许多不适应的表现，给企业的后续发展带来阻碍。

有的企业会因为“不差钱”，而将资金更多地用于营销和盲目扩张上。如果企业创新能力支撑不足，技术储备跟不上市场需求的变化，缺乏不断推陈出新的产品和技术，竞争优势反而会被削弱，使企业发展陷入困境。在一个越来越“卷”的市场中，企业如果不通过核心技术建立一定的壁垒，很难长期保持市场份额。因为商业模式可以抄袭、成本可以控制，竞争对手很容易在短期内实现反超。激烈的市场竞争必然导致利润空间被不断压缩。一旦企业不能保持高速增长的良性态势，就会影响到新一轮投资和资本的正常退出，甚至成为投资失败的案例。在过去的“互联网＋”创新创业浪潮中，我们已经看到了一些这样的教训。当然也有一些企业，特别是创始人是技术出身的企业，会醉心于产品的研发，对市场需求把握不准，过于追求产品的完美和性能指标的优异，对产品细节考虑过多，导致研发投入过大，技术研发、产品开发和市场销售三者之间相互脱节，从而拖累企业的整体发展。还有些企业在接受投资后，组织架构也相应发生了一些变化，投资机构的话语权增强，对后期的研发工作干涉过多。而投资机构又因为对行业了解不够深入，出现中途换将、更换赛道、叫停重点项目等问题，导致内部矛盾和纠纷不断，这也会严重影响企业的正常发展。

因此，从企业方来说，有了投资加持，创新底气更足，力量更雄厚。然而，企业必须时刻保持清醒，一方面，要按照投资协议将一定比例的资金用于后续的研发投入，保持对创新主线的把握，深化主赛道，储备新赛道，从而在更长的时间内保持核心竞争优势，确保新产品和新技术的开发节奏，量入为出，使研发速度与资金投入相匹配，并能吸引新一轮投资的进入，以应对市场残酷的竞争。另一方面，企业在后续研发中应保持谨慎态度，既不盲目铺摊子上项目，也不随便改弦易辙。根据市场变化，在内部进行充分论证和可行性研究，形成一致意见和工作合力后，再稳步推进项目。同时，企业还应充分利用资本带来的新资源、渠道和影响力。资本在进入企业前会进行大量的准备工作，并反复评估自身资源与所投企业的契合度。在投资以后，资本通常也会不遗余力地帮助企业对接各种资源，如行业龙头企业、市场渠道、高能级创新平台、人才管理团队等，并参与组织架构的搭建。这会使企业从更高的层面、从更有利于市场的维度去创新，从而使整体创新迈上一个新台阶。

从投资方来说，对于掌握独特技术成果的企业，一定要有陪伴成长的意识。首先，投资方不能一味追求短期估值的增长，重财务指标、轻创新管理，只注重短期的“数据好看”，将重点放在营销等能快速变现的活动上，或要求研发人员将主要精力放到衍生产品上，以达到对外宣传的效果。这些做法都可能导致企业在表面繁荣的泡沫破灭后，迅速跌落神坛。其次，投资方不能因为项目多、专业人员不足而成为管理的局外人，放松对投后企业的深度管理。特别是对于早期的科技型企业，尽管有资金投入，但相较于其想要实现的宏伟目标，需要花钱的地方更多，往往难以把握强化科研优势与加大市场开拓力度之间的平衡。在这种情况下，投资方需要耐心地为其提供辅导和帮助，以应对企业高速发展期遇到的各种困难和问题。再次，投资方应在投后管理中帮助企业建立清晰的资本意识。不是每一个企业都能走到首次公开发行股票（IPO）阶段，在争取新一轮估值中如何定位，如何突出独特的技术成果优势，是否需要让渡部分控制权，是否通过并购进行资源整合等，都是需要明确的问题。最后，投资方应重视企业核心的创新突破点。许多企业在尚未盈利的情况下，之所以能拿到多轮融资，很大程度上就是因为拥有非常有潜力的、前沿的自主知识产权，未来发展前景不可限量。因此，投资方应与企业共同努力，根据资本不断进入的情况，强化研发投入，逐步拓展新领域、新赛道，让长板更长、短板不短，通过不断涌现的创新点提高市场估值，保持资本市场的持续关注度，为引入新一轮资本做好准备。

从政府及社会的维度来说，企业获得投资只是发展中的一个节点、一个阶段性成果。市场化投资的介入并不意味着企业就不缺资金、不缺渠道、不缺服务，不需要更多的支持和培养。这些企业未来的发展潜力更大，对创新发展的需求也更为旺盛，因此，相关服务应进一步精准化、特色化。首先，政府部门要更主动地介入。在各个地区，投后企业的群体并不大，尤其是处于早期天使轮、A轮的被投企业，具有信息分散化和隐蔽性的特点，较难被政府部门和社会组织全面掌握。但鉴于这些企业具有后发优势和未来发展潜力，政府部门应想方设法更早、更详尽地掌握投后企业的信息，密切关注企业发展动态，加强与地方国有平台、产业资本的对接，并选择适当的时机参与到新一轮投资中去，培育区域新产业、新赛道，加速这些企业向资本市场发展的步伐。合肥市政府在这方面做了很好的示范。其次，要建立系统化的专业服务体系。政府部门和社会组织能够动员更多的创新要素，服务手段也更丰富、更多元，要在项目扶持、场景示范、产业对接、品牌打造等方面给予政策支持。对于特别看好的重点企业，可以量身定制特殊支持政策，或者系统地购买、组织部分专业化的市场服务，根据企业发展需求提供“一对一”的精准服务。最后，要注重树立“投资＋创新”的示范典型。经过市场化验证的被投企业，在各方的强力支持下，容易形成高成长性态势。一旦扩张局面迅速打开,就会吸引更多的配套企业和风险资本集聚,形成一个细分产业的小生态,带动产业链上中下游企业的共同进步,呈现出“滚雪球”效应。目前,各地越来越重视“独角兽”企业、“瞪羚”企业的发展,很大程度上是因为这类企业具有强大的带动作用。许多专业化的创新园区也在纷纷打造特色投资基金,借助科技和资本的合力,推动细分产业领域更快地进入高速发展通道。

投后创新不仅是投资过程中的重要环节,也是成果转化走向市场化道路上不可忽视的工作内容。我们看到,在距离成功只有一步之遥的关键时刻,仍然存在诸多困难和不可控的因素,失败的风险一直如影随形。因此,我们必须始终保持积极的创新精神,从多个维度共同努力。通过企业不忘初心的强化创新、投资机构目光长远的协同发展、政府及社会环境主动积极的精准服务,形成支持创新型企业裂变式发展的体系,促进一批有潜力的“创新+投资”企业尽早成长为“单项冠军”企业、“专精特新”企业、“独角兽”企业,成为促进区域产业高质量发展的重要支撑。

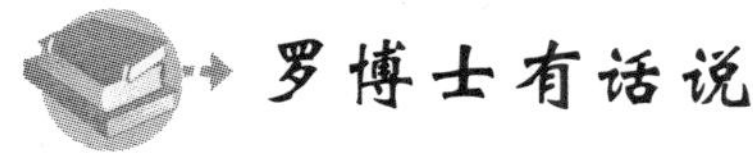

融资不是创新的终点，而是新的起点

融资不是创新的终点，而是新的起点。当企业获得融资后，研发创新并没有完成其历史使命，相反，它应该是企业持续发展的核心。然而，一些企业在获得资金后却停止了对研发创新的持续投入，开始将重心转向追求规模扩张、广告宣传和市场推广等方面，甚至大手大脚、挥霍无度。有时候，由于资本的压力，企业为了实现既定的业绩目标，不得不将更多资源投到市场营销和销售推广上，从而减弱了对研发创新的投入。

投资带来的资金和资源无疑为企业提供了更多的发展机会，但企业如果只关注表面上的扩张和宣传，缺乏对研发创新的持续投入，那么最终将陷入困境。缺乏持续的技术储备和创新能力，企业很难在竞争激烈的市场中保持竞争优势，其增长也将难以持续。

因此，投后阶段加强研发创新至关重要。企业应意识到，在取得初步成功后，创新仍然是推动企业持续成长的核心动力。企业获得投资之后，必须合理分配资金，保持战略定力，确保将一定比例的资金用于持续的研发投入，为企业的后续发展进行技术储备。投资机构也不能只追求眼前的利益，杀鸡取卵，随意减少研发投入，削弱企业的长远发展潜力。

总之，投后时代应该成为企业研发创新的新起点，只有持续为技术研发提供充足的资源和支持，才能确保企业在快速变化的市场中保持竞争优势。

附录　近年发表的文章

附录 1

关于投后创新的思考[①]

赵峰(武汉市科技局)

风险投资在我国发展至今,已经逐渐走向成熟,对于经济发展的积极影响作用已经得到越来越充分的认可,特别是在有效解决创新创业企业的资金困境、推动有潜力的企业加速发展方面,已成为越来越重要的支持方式。但风险投资普遍存在项目投资周期长、风险高的特点,控制风险不仅要重视投资前的尽职调查和决策,投后管理的好坏也是决定投资成功与否的关键。投后管理作为项目投资周期的重要组成部分,也是投资基金“募、投、管、退”四要点之一,逐渐从幕后走到台前,成为投资机构创造价值和打造品牌的利器。

投后管理涉及投资项目的方方面面,受政策环境、技术研发、团队建设、财务法规、市场运营等多重因素的影响,其复杂性和专业性使得很多机构在推进过程中感

---

① 此文发表在《科技中国》2023 年第 4 期,p36-39。

觉困难重重。尤其是技术产品的研发创新,相较于其他的管理风险,更加难以把握,但研发创新的优劣却是决定投后管理成败关键中的关键。笔者在科技部门工作多年,调研过许多科技型企业的投融资情况,并进行了深度的思考和交流。在此,个人认为强化投后管理中的研发创新(以下简称"投后创新"),把握深层次的客观规律,破解存在的问题,对于提升投后管理水平、促进被投企业快速成长、实现投资收益增长乃至优化整个投融资体系,都具有十分重要的意义。

一、加强投后创新的重要意义

股权收购完成后,在很多人的认知里,经过了前期的风险控制和反复论证,通过理性决策选准了投资项目,投资机构后期基本上是可以坐享其成的。但现在越来越多的投资机构发现,投资后的压力更大,需要不断打造新的亮点和热点,持续提升估值,吸引更多社会资本进入,而研发创新始终是其中最重要的关注点之一。

(一)创新既是投前关注的核心,也是投后重视的焦点

为了控制投资风险,投资机构需要对所投项目的公

司进行全面的尽职调查，一般的尽职调查会从业务、财务、法务三个方面进行。相对来说，财务、法务的尽职调查比较成熟，会请专业人员进行。业务的尽职调查比较复杂，会从市场潜力、团队建设、产品和技术、客户群体、竞争性、盈利预测等几个方面开展，而其中最核心的当数产品和技术。一是因为好的产品和技术会占领比较大的市场份额，争取更多的客户群体，甚至可以创造需求，创造新的市场。二是因为在激烈的市场竞争中，创新能力强，特别是掌握自主知识产权的企业，优势更为明显，持续竞争力更强，被复制、抄袭和快速超越的可能性相对较小，有更好的发展预期。三是大部分的创新产品和技术在推出初期都有超额利润空间，可以给投资机构带来较好的收益。

以上三点表明，在进行尽职调查时，对市场、客户、竞争力和未来预期的调查也是以产品为核心展开的。同样的道理，一个项目未来能否获得真正的成功，需要观察投资后的发展情况是否与预期走向一致。要想保持高速的发展态势，保持较长时间的竞争优势，同样取决于企业的产品和技术更新迭代的速度，其根本支撑在于企业研发创新能力的积淀和提升。因此，投后创新已经成为越来越多机构重视的焦点和亟须突破的重点。

（二）创新是企业快速稳健成长的关键

在现实中，我们看到过这种现象：有的企业拿到投资后，将大部分的资金和精力投放到了广告营销、扩大生产、客户引流、对外形象的包装，甚至改善办公条件和个人过度消费上，虽然会形成短时间的繁荣热闹，引人注目，但时间一长，业绩支撑难以为继，各种“爆雷”事件频发，不但企业自身发展陷入困境，也让投资机构损失惨重。如果企业创新能力支撑不足，技术储备跟不上市场化的进展，缺乏不断推陈出新的产品和技术，竞争优势就会很快减弱，发展也会随之陷入进退两难的境地：要么“虚胖”，规模扩大，利润反而下降；要么“小富即安”，退守维持生存的底线。

因此，虽然有了投资的加持，但是企业快速成长或保持高增长态势，依然离不开持续创新的支撑。企业拿到投资后，一定要保留一定比例的资金用于后续的研发投入，让创新的源头活水不断，让新产品和新技术的开发与市场营销节奏一致，不断提升品质、增加功能、降低成本，以满足市场日新月异的需求变化，应对竞争对手步步紧追的压力，对外呈现出长期良性发展的态势。

（三）创新是吸引新一轮投融资的重点

企业从A轮融资到首次公开发行股票（IPO）是一段漫长且充满风险的过程，每一轮的融资对企业来说都是一个巨大的考验。一方面，企业的发展态势逐渐清晰，组织架构也更为复杂，早期的投资者拥有一定的话语权和变现诉求，虽然前期的数据能更全面地呈现企业的优势，但其存在的问题也更清晰，因此，投资机构会更慎重，同时也可能会根据自身的资源，提出变更组织架构、股权分配与主导权等要求。另一方面，企业对新一轮的融资期望值会比较高，双方会就估值进行反复磋商。但我们看到，很多拥有独特、前沿和自主知识产权的科技企业，甚至在尚未完全实现盈利的情况下就获得了很高的估值，为其后期发展积累了厚实的基础。

虽然在投资过程中，资本是比较强势的一方，但企业的创新能力在新一轮融资过程中仍然是重中之重。因此，企业快速吸引新投资要靠创新能力，掌握实控权要靠创新能力，提升估值仍然需要创新能力来支撑。

二、目前存在的问题

投后创新十分重要，这个观念已经是很多企业和投资机构的共识,但在具体的实践中,由于缺乏有效指导,以及发展环境的不同,仍存在许多问题。

(一) 企业对投后创新把握不足

前面提到,有的企业获得投资后,存在研发投入不足,导致后续发展支撑不够的现象。但也存在另外一些现象,尤其是在以研发为主的创业企业中十分常见。一是一味追求产品指标的最优,希望一鸣惊人,而不是将满足客户需求的优势产品尽早投放市场,没有形成产品更新迭代的合理节奏,导致研发投入过大,技术研发、产品开发、市场销售三者相互脱节,拖累企业整体发展。二是同时开展多项技术的研发,不断扩大对衍生产品的研发投入,特别是一些具有多领域应用潜力的产品和技术,创新的平均用力或偏离主业发展方向,导致核心关键环节支撑不足,看似多点开花,实则无法做精做深做大。三是仅依靠自建团队研发,不断地买设备、招人才,不善于通过外包、委托、合作的方式,将非核心环节交给其他院校、企业或平台来开发研究,导致新产品开发周期过长,从而失去竞争优势。

(二) 投资机构对投后创新存在误区

资本进入企业后,投资机构会主动为企业发展整合资源，同时也拥有了一定的话语权，对企业把握方向、加快成长有一定的帮助，但投资机构对投后管理往往存在一些误区。一是由于投资项目的领域较广泛、项目多、资金量大、人手少，细分专业管理人员缺乏，很多机构仅能提供资金支持，整合要素资源能力较弱，难以深度参与企业发展和管理，“重估值，轻管理”的现象比较突出，对后期的企业创新听之任之。二是急功近利，不舍得加大研发投入，要求企业将重点放在营销等能快速变现的活动上，追求投后短期效益，重财务指标，轻创新管理，只看重短时间的“数据好看”。三是对研发创新干涉过多，利用自己的话语权，变更技术团队或研发合作对象，或要求研发人员将主要精力投入衍生产品等，这些做法都会让企业的发展走入歧途。

（三）政府及社会对投后创新支持不够

投资行为有市场化、分散化、隐蔽性的特点，无论是资金供给方还是政府部门往往都难以稳定获得企业风险投资信息，因此也会带来一些影响企业快速成长的问题。一是政府相关部门对被投企业的情况不了解，没有掌握企业的投融资各阶段的信息和状态，相关的中介服务、行业配套、项目支持和新一轮的投融资等服务未能及时跟进，让企业长期处于野蛮生长阶段。二是将获得投资的企业等同于市场化水平很高的企业，认为它们不缺资金、不缺渠道、不缺服务，所以也不需要更多的支持和培养，忽视了这类企业的创新发展需求其实更旺盛，缺乏主动引导这类企业围绕地方产业优势、带动上下游企业共同开展研发创新的意识，以及相应的配套支持政策和服务。三是没有形成专门为这类企业服务的机制，相对而言，获得投资的企业总体数量还比较少，政府和社会化机构的企业服务尚未明确地分层分类，更难以考虑到投后企业这个群体的特色需求，为其提供的仍是无差别的中小企业一般性服务，没有为其高速成长制定特殊政策、提供更精准的服务，以帮助这些企业尽早脱颖而出。

三、对策建议

基于投后创新的重要性及存在的问题，笔者认为未来加强投后创新要从多个维度共同努力，通过企业自身快速成长、投资机构长远发展及政府和社会环境精准助力这几个方面体系化推进，促进一批有潜力的企业尽早被发现并快速成长，成为区域产业高质量发展的重要支柱。

一是企业要合理使用资本，强化投后创新。有了资本的助力，企业的创新底气更足，力量更雄厚，此时要保持清醒，保持对创新主线的把握，深化主赛道，储备新赛道，从而在更长的时间内保持核心竞争优势。同时要学会借力借势，不仅要借助资本带来的新的渠道和资源，更要放开眼界，加大行业内的合作，依托高校、科研院所的技术团队和配套领域的专业化公司，提升创新的投入效率，迅速在行业细分领域打开局面，为快速做大做强提供持续稳定的支撑。

二是投资机构要着眼长远，重视投后创新。投资机构不能做局外人，一定要整合更多的要素资源以支持企业的持续创新，并且和企业共同把握好研发创新的节奏和比例，使其与资金到位的情况相匹配。投资机构不能为了追求短期高收益，随意减少研发投入和变更创新团队，要保持创新产品和技术相对稳定地更新迭代，并根据资本导入的资源逐步拓展新领域，让长板更长、短板不短，通过不断涌现的创新点提高市场估值，从而保持资本的持续关注度，为引入新一轮资本做好准备。

三是政府和社会要突出精细化服务。获得投资的企业，应该是具有较强的产品优势或商业能力的企业，相较于其他企业，其成长潜力大，很容易形成后发优势。对于这类企业，总量虽然不多，但各级政府和社会组织都会“高看一眼，厚爱一分”，要主动帮助其对接产业链上下游资源、拓展市场、打造品牌，进行点对点的精细化服务。同时还要关注其募资渠道，关注其资源优势，引导其进行持续的研发创新，带动配套企业共同发展，并给予项目资金、创新平台、人才团队等方面的重点扶持，形成共同支持合力。强化对被投企业重点培养的专门服务机制，让这些优质企业快速成长为“专精特新”企业、“瞪羚”企业、“独角兽”企业，为区域经济高质量发展贡献力量。

附录 2

科技风险投资，需要更多新型投行[1]

赵峰（武汉市科技局）

风险投资简称“风投”，是向初创企业提供资金支持并取得该公司股份的一种融资方式。风投资金一般投向蕴藏着较大失败风险的高新技术开发领域，如果投资成功，会获得高额资本收益回报，是一种积极的投资行为，是对传统投资机制的重要补充。风险投资自十九世纪末在美国兴起以后，在促进科技成果尽快转化为生产力，以及促进企业快速成长方面发挥了巨大的作用，奠定了美国高技术产业在世界经济的领先地位。许多国家在看到这种趋势后，纷纷学习效仿，采取各种措施鼓励风险投资的发展。我国的风险投资起步较晚，但发展十分迅速，近几年来国家越来越重视金融服务实体经济

① 此文发表在《科技中国》2022 年第 5 期，p9-11。

的能力建设，各地政府通过设立引导基金等方式，积极支持风险投资基金的集聚发展。

随着投融资行业的发展，一批为资金供给方和需求方提供中介服务的专业机构应运而生，也就是我们常说的财务顾问（Financial Adviser，简称“FA”），也称之为“新型投资银行”。他们通过专业的财务知识为顾客提供投资、理财、咨询、策划服务并获取相应的收益。特别是股权投资型FA（我们有时也将其称为“精品投行”），他们能提供融资并购过程中全流程的配套服务，可以极大地节约投资机构和企业间的沟通成本和试错成本，提升双方的契合度，并在交易撮合过程中实现自己的价值。FA的出现和发展，促进了金融服务体系的完善和金融服务能力的提升。国内的FA较之国外虽然还不够成熟，但也已涌现出一批知名的机构，如华兴资本、易凯资本、汉能资本、清科创投等，通过参与的一系列融资、IPO、并购案例，已经在国内的资本市场确定了自己在FA行业中的领先地位。抓住FA强劲的发展势头，从金融、科技和产业良性循环互动着手，在科技金融的不断市场化进程中抢先做好区域FA的发展布局，有利于推动科技创新资源快速向现实生产力转化，促进区域经济社会的高质量发展。

一、发展 FA 的重要性

具有中介性质的专业化机构的出现，是行业发展进步的必然，风险投资也不例外，尤其是投资科技创新领域，更需要 FA 的支撑。

一是科创资源加快转化的需要。国内高校、科研院所林立，创新成果不断涌现，但成果转化为现实生产力并获得市场化收益的过程却十分漫长。笔者曾经向投资机构推荐了大量的优质科技成果，机构虽然表现出了很大的兴趣，但后续却没有主动对接，问及原因，主要是存在成果产权不明晰、尚未形成独立的法人治理结构、缺乏市场化的管理运营团队等多种问题，距机构投资的要求还有很大差距，短时间内无法成为合格的投资标的。据此，亟须对这些成果、样品进行深度的孵化辅导，使之尽快成为风险投资机构能够开展尽职调查的“小而美”的初创企业。另外，我们也观察到，大量的科技型小微企业，也存在着商业模式不清晰、产品优势不突出、财务管理不规范等诸多问题，而投资机构本身通常是没有精力、没有能力提供细致而全面的专业服务，来帮助他们解决这些具体的问题。此时，FA 的介入就显得十分重要，他们专业的金融理财服务，有利于创新创业企业迅速建立起资本思维，提高与风险投资机构的契合度，实现科创资源快速转化并通过资本加速市场价值的获取，形成多方共赢的态势。如武汉的长江投融汇服务联盟，在帮助企业梳理股权架构、设计商业模式方面就比较有经验，他们会将辅导成熟的企业再推送给合作的投资机构。

二是科技企业投资风控的需要。科技型企业往往产品技术含量比较高，看起来具有很强的核心竞争力，但是否真的是适销对路的产品，是否有一定的市场份额则难以判断。加之社会热点切换频繁、信息庞杂真假难辨、领域交叉融合增多等状况，对科技型企业的价值判断需要很强的专业能力，特别是一些代表未来方向的项目，开发周期长、投资金额大、技术迭代快、市场定位不准、潜力难以在短时间内表现出来，投资风险和收益都较成熟行业高了很多倍，给投资决策带来了更大的困难。好的FA，尤其是在垂直行业深耕的FA，通常具有更敏锐的识别企业投资价值的眼光，能为投资机构提供更详尽的数据和专业支撑，如行业动态、市场分析、交易设计、战略合作等，使投资机构能全方位了解企业的创新优势，更精准评判企业的真实价值，从而坚定投资的信心，踩稳投资的节奏。如武汉的智森投资公司，创始人本身有一定的工科背景，专门聚焦“硬科技”领域，对企业项目会先进行深度分析研判，再组织闭门路演，每次 5—6 个项目可吸引 30—40 家投资机构报名参加。

三是风投行业专业化发展的需要。任何一个行业的发展成熟和细化分工，都会催生一批为其提供配套服务的中介组织，风险投资行业也不例外，由于投融资工作的复杂性和商业竞争的保密需求，能提供项目方与投资人精准匹配服务的 FA 的作用愈来愈受重视。中国证券投资基金业协会发布的数据显示，截至 2021 年底，私募基金管理规模约 20 万亿元。随着中国私募基金的急剧增加，大量的投资机构会衍生出更多的 FA 业务，华兴资本、泰合资本等精品 FA 通过贝壳找房、快的打车等明星项目的融资获得了不菲的收益，也有着良好的示范带动效应，促进了 FA 在专业化、品牌化的道路上越走越快。

二、FA 发展现状及存在的问题

FA 是随着金融行业发展而兴起的行业和职业，概念界定不明晰，称谓也比较多，学术界对该行业也缺乏系统性研究。在国内，比较早做 FA 的是出身于海外知名投行的一批人，随后华兴资本、易凯资本、汉能投资、清科创投、投中资本、泰合资本、方创资本、以太资本等知名机构陆续崛起。据推测,一级市场已经有300家以上的FA机构。在投融资过程中,FA在强化信息整合、设计交易结构、充当谈判中介、提供信用背书等方面提供了很多专业性支持,为投融资双方节约了时间成本、降低了试错风险、减少了风险溢价。但由于参与门槛不高、服务的非标性、行业管理缺失等因素,FA的发展也存在诸多问题。

一是FA参与的投资数量比例小。2020年中国股权投资市场共发生7559起投资,平均单笔交易额1.17亿元(清科研究院数据),而12家头部FA机构累计交易数260个(华兴资本数据),按这12家头部机构市场占有率30%、每笔交易70%的金额来自FA募资进行测算,则FA参与的募资仅占8%,大量的投资仍然是在企业与投资方之间直接进行的。这一方面说明FA自身的发展还不能满足市场的需求,品牌知名度和服务水平未被广泛了解和充分发掘;另一方面说明企业和投资机构对FA的需求还不旺盛,企业缺乏长远的资本管理和运作意识,机构也未形成与FA的紧密合作关系。另外,FA收取4%—5%的费用,虽然加快了融资速度,但增加了融资成本,这也是阻碍FA参与投资过程的原因之一。

二是FA的分布和发展不均衡。FA的分布与地区的金融环境开放度、市场主体活跃度基本上呈正相关，知名的 FA 大部分集中在北京、上海、深圳和杭州，中西部地区基本是空白。随着投融资行业的马太效应不断增大，出现了投资机构从业人员的“FA 化”，以及 FA 机构成立基金进行跟投的趋势，很多地方在金融招商时只注重资本的聚集，却忽视了 FA 的多寡也是营商环境吸引力的一部分。由于服务周期长、对人力资源的依赖性强、盈利模式不稳定等因素，大部分 FA 都存在收取费用难度大、人员流动快、同质化竞争激烈等问题，发展良莠不齐，头部机构挑选项目空间比较大，而很多小型的 FA 甚至需要其他服务收益来维持发展。

三是 FA 的专业能力有待提升。2014 年到 2016 年，随着创业热潮的兴起和热钱的涌入，一些从投资机构中单飞的人员和从事企业咨询服务的人员加入 FA 的行列中，甚至一些媒体记者都在投资人和创业者之间牵线搭桥，带来了 FA 的迅速膨胀。经过近几年的行业洗牌和分化，FA 逐渐形成了各有特色的平台型大机构和垂直型小机构，两者既竞争又合作，在整合资源和专业性方面各有利弊，致力于从不同维度解决项目质量和匹配率的问题，尤其是互联网和大数据技术的介入，推动了一些投融资项目的高效对接。但提供大量的专业服务还是投资机构的内设功能，未实现对外服务和共享。而很多独立的FA只能做简单的对接和辅导服务，无法满足企业个性化、多样化、精细化的深度服务需求。

三、FA发展的政策建议

一是加快FA布局，突出政策激励。各地应将FA的发展作为评价地区金融环境的重要指标之一，出台支持政策，比如在金融资本聚集区为FA提供优惠的物理空间，对其撮合成功的交易给予一定的奖励，或支持其举办的服务活动及赛事等，以鼓励更多企业咨询机构、中介服务团队及投资机构人员从事FA服务。同时，强化金融招商政策，依托FA尤其是头部机构的资源优势，精准招引对地方产业链有带动作用的企业或战略投资。

二是扩大FA服务，降低融资成本。针对科技型小微企业，加大创新创业的辅导培训，通过举办创投沙龙、企业训练营等小型化专业化的活动，有意识地引入早期FA服务，帮助企业更早建立资本运作思维，加速企业发展的内生动力。政府部门可以通过购买FA服务的方式，将部分FA服务公益化，提供给有投融资需求的企业，以降低中小企业的融资成本，同时加强人才培养、产品研发、上下游对接等服务，形成合力，进一步放大

FA 服务效果，促进企业快速成长。

三是赋能 FA 发展，提升专业水平。利用现代大数据技术，实现更多的数据资源开放共享，有利于 FA 搭建数字化平台，从多个维度对投资项目构建精准画像，提高投融资决策效率。加强对规范 FA 的宣传，帮助 FA 对接更多资源，畅通其获取信息和资源的渠道，让 FA 能接触到更多的企业和投资机构。同时，FA 自身也要加强学习和资源整合，尤其是对一些早期、前沿科技项目的专业理解，进一步促进更多的高校创新资源、行业协会资源、社会人才资源、产业上下游资源集聚融通，让科技创新更快地转化为发展优势。

附录 3

关于科技型企业发展阶段划分与创新要素匹配的思考①

赵峰(武汉市科技局)

从党的十九届五中全会对“十四五”发展规划的建议中,我们可以很清晰地看到,以创新为引领的高质量发展已经有了越来越明确的目标、导向和路径。结合近年来国家各部委出台的相应支持政策,以及我国在发展现代产业体系方面的探索实践,笔者从科技部门管理者的角度,对科技型企业的现代化发展阶段及其创新要素匹配做了些思考,愿以此为切入点,与广大读者共同探讨,为研究科技型企业的发展规律贡献些许智慧和力量。

一、科技型企业发展阶段划分

根据国家各部委对企业的相关认定及支持政策,笔

① 此文发表在《科技中国》2022 年第 2 期,p32-34。

者将科技型企业发展划分为五个阶段(即科技型中小企业,高新技术企业,专精特新“小巨人”企业,新三板、科创板上市企业,上市龙头企业),以便为系统化研究科技型企业发展规律、探索各类政策措施的有效性提供参考。

一是提升技术创新能力,进入科技型中小企业发展阶段。为推动大众创业万众创新,加速科技成果产业化,加大对科技型中小企业的精准支持力度,壮大科技型中小企业群体,培育新的经济增长点,2017 年科技部、财政部、国家税务总局共同发布了《科技型中小企业评价办法》,对科技型中小企业规定了明确的认定条件,并配套了普惠性的研发投入加计扣除税收优惠政策。此项政策的实施推广,有效地激发了广大中小企业的创新积极性。他们努力增加研发投入,提升技术创新能力,并得到各地政府的高度重视。地方政府纷纷加强了科技型中小企业认定工作,为高新技术企业培育打下基础。因此,科技型企业发展的第一阶段就是通过提升技术创新能力,努力满足科技型中小企业的基本认定条件。

二是强化产学研合作,进入高新技术企业发展阶段。高新技术企业是知识密集、技术密集的经济实体,是推动国家产业转型、科技创新的重要主体之一。2008

年，我国出台了《高新技术企业认定管理办法》，并在2016年经科技部、财政部、国家税务总局共同修订印发，旨在鼓励企业在国家重点支持的高新技术领域，持续进行研究开发与技术成果转化，形成自主知识产权，提高实体经济的核心竞争力，推动经济体系优化升级。高新技术企业有明确的认定领域、条件和要求，并配套以减按15%的税率征收企业所得税的优惠政策。随着我国进入高质量发展阶段，各地均出台了各种激励政策，强化高新技术企业培育，截至2020年，全国高新技术企业的数量已达27.5万家，不仅数量高速增长，其营业收入、工业总产值、净利润增长也较传统企业有明显优势，已成为各地比拼创新能力的关键指标。高新技术企业与科技型中小企业在认定的指标体系设计上是一致的，都是以创新能力评价为主，但具体数量指标有高低之分，科技型中小企业如能进一步强化产学研合作，持续提升自主创新能力，就能较快达到高新技术企业的发展阶段。

三是突出产业特色优势，进入专精特新“小巨人”企业发展阶段。2013年工信部发布了《工业和信息化部关于促进中小企业“专精特新”发展的指导意见》，并在2018年印发《工业和信息化部办公厅关于开展专精特新“小巨人”企业培育工作的通知》，正式启动相关评定工作。2021年又联合财政部出台了奖补资金政策，激起了广大中小企业的参与热情，全国各地也开始重点关注并支持企业这一阶段的发展。从评定标准上看，除了考察企业的创新能力，还关注企业的细分市场占有率、成长性和经营管理能力。这个阶段的企业基本上都是高新技术企业中的佼佼者，不但行业创新能力领先，而且产业特色优势突出，具备高成长性和高经济收益，成为科技型企业发展的更高级阶段。

四是加快资源融通聚集，进入新三板、科创板上市企业发展阶段。现代企业的竞争也是资本的竞争，科技型企业只有插上资本的翅膀，才能快速腾飞。2019年，上交所设立科创板，通过资本市场注册制试点改革来助力科技创新企业的快速发展，重点支持符合国家战略、突破关键核心技术、市场认可度高的科技创新企业。2021年9月，北交所设立，新三板企业迎来全新发展机遇，更多的金融资本聚焦专精特新“小巨人”企业，努力服务企业的跨越式发展。各省市也十分重视上市工作，出台了许多鼓励科技企业上新三板、科创板的政策。进入这个发展阶段，以企业为核心，各种创新资源将实现快速融通聚集，企业也会呈现高速发展的态势。

五是深化产业链布局，进入上市龙头企业集群化发展阶段。企业上市后的发展是裂变，是质的飞跃，此时企业开辟了长期的融资通道，知名度和行业地位不断强化，尤其在我国产业向中高端迈进的道路上，上市龙头企业的带动引领作用越来越凸显，通过兼并重组优势互补、牵头组建创新联合体、产业链上下游融通创新等方式，形成集群化竞争优势，既能强化上市企业自身的高速发展态势，也能有效推动产业链、资金链和创新链的融合互动，推动全产业链优化升级和生态体系建设。

二、科技型企业发展各阶段的创新要素匹配

企业各阶段的发展目标和重点有很大的差异，因此，我们要深入了解企业在阶梯式发展中的不同需求，并据此匹配更合适的创新要素资源，提高科技服务的精准度和效率。

科技型中小企业发展阶段：此阶段企业需要明确自身创新特点，首先争取活下来。此时企业往往对自身定位和优势认识不清，存在商业模式不成熟、资金支持比较薄弱、团队能力不平衡等问题。这个阶段的企业，生存是第一位的，针对其需求，应以基础性的创业孵化服务、营造良好创新创业环境为主，比如提供免费的创业空间、双创导师的近距离辅导、创业训练营的学习交流等，部分创新特色突出的企业可在早期引入天使投资。

高新技术企业发展阶段:此阶段的企业需要突出创新优势,谋求快速成长。此时企业往往存在管理与创新能力不匹配、受政策环境波动大、资金难以支撑快速成长等问题。据不完全统计,高新技术企业重新认定的申报率仅为80%左右。这个时期的企业,发展并不稳定,需求也是多方面的,应以强化企业持续创新能力和经营管理能力为主。要支持企业科研项目的开展,帮助产品应用推广,匹配信用贷款产品,引入风险投资,推动各类服务资源对其开放共享等。同时要提醒企业加强自身规范化建设,防范内部管理风险。

专精特新"小巨人"企业发展阶段:此阶段的企业需要强化创新特色,争取行业话语权。此时企业的生存问题基本解决,甚至还有一部分是隐形冠军企业或单项冠军企业,社会关注度逐渐提高。但仍存在市场拓展压力大、行业影响力不足、创新后劲乏力等问题。这时应抓住企业的主要需求,助力企业提前布局创新产品,对接更多成果资源,提升产品核心竞争力,拓展市场规模,扩大行业影响力。这个阶段的企业是战略性投资比较偏好的对象,可借助多种金融工具进行快速扩张,进一步巩固行业地位。

新三板、科创板上市企业发展阶段:此阶段企业需要保持较高创新力,推动高质量、可持续发展。此时企业获取资本支持相对比较容易，但徘徊在跨越式发展的临界点，存在盲目发展冲动、忽视内容创新、过度炒作等问题。这时企业要明确未来方向、保持战略定力、做好中长期规划、进行有序投入，我们应帮助企业对接高层次的高校、科研院所、创新平台和人才团队，储备一定数量的技术和项目，不断开拓新的业务领域，为企业可持续发展提供强有力的支撑，促成一个又一个新的飞跃。

上市龙头企业集群化发展阶段：此阶段企业需要主动引领创新，营造全行业良好的生态环境。此时企业体量越来越大，比较容易通过并购、强强联合等方式获取创新资源，掌握一定的行业控制权，但容易出现封闭保守、多元化发展选择偏差、内部管理决策效率下降等问题。这时要鼓励企业加强对基础共性技术的研发投入，加强与科技型中小企业的资源共享，通过行业协会、联盟或资金纽带等形式，主动引领产业链向价值链高端发展，主导行业创新变革，塑造更有凝聚力的行业文化，与第一阶段的企业发展形成一个有机闭环。

三、启示

科技型企业在不同的发展阶段，所需匹配的创新要素是不同的，工作中需要灵活判断和掌握。虽然这种阶段性划分不能涵盖所有科技型企业，但其中还是有许多共性特征和规律，对各部门强化资源配置、高效服务和精准施策有一定的指导意义。

一是要结合实际进行资源配置。各地要根据规划布局，对有限资源进行系统梳理和优化配置，既要重视科技型企业孵化等基础性工作，有步骤地推动区域空间载体、创新平台、服务体系等建设，做好管长远、打基础的工作，也要充分发挥重点企业的示范引领作用，有针对性地加强优势企业的培育、对接、招引等工作，不断拓展强化产业链，避免资源的浪费和重复性配置，出现有些企业无人问津、有些企业门庭若市的情形，使惠及的企业面更广、资源的利用更充分。

二是要突出特色，提升服务效率。各部门可依据自身职责，针对企业不同的发展阶段、不同层次的需求，进一步明确服务的边界、对象、重点以及与其他部门协作的结合点，打造不同的创新服务产品，构建全生命周期的企业服务体系，让每个环节的服务有标准、能量化、获得感强。还可通过政府购买服务等形式，广泛动员社会力量，让更多的中介服务机构参与进来，满足企业专业化、个性化、多样化的需求，让企业服务更有质量、更有效率。

三是要强化导向，促进精准施策。各地可根据产业优势和特点，深入研究科技型企业发展中规律性的问题，有的放矢地制定支持政策，引导资源合理流向重点行业领域，体现政策的差异化和精准化，避免政出多门、低效冲突。如各部门的贷款贴息政策在服务对象和支持内容上多有交叉重合，不仅造成企业的困惑，也局限了政策影响力。同时针对不同的服务对象，加大政策的宣传解读、兑现落实，保持政策的稳定性和延续性，营造良好的企业发展生态。

附录 4

用产品化的理念做好科技服务[①]

赵峰（武汉市科技局）

“十三五”期间，我国的服务业持续快速增长，已经成为国民经济三大产业中第一大产业。服务业比重上升是产业结构调整优化的必然趋势，而科技服务业作为现代服务业的重要组成部分，是运用现代科技知识、现代技术和分析研究方法，以及经验、信息等要素向社会提供智力服务的新兴产业，是推动产业结构升级优化的关键产业，具有人才智力密集、科技含量高、产业附加值大、辐射带动作用强等特点。早在 2014 年《国务院关于加快科技服务业发展的若干意见》中就明确提出要“重点发展研究开发、技术转移、检验检测认证、创业孵化、知识产权、科技咨询、科技金融、科学技术普及等专业科技服务和综合科技服务，提升科技服务业对科技创新和

① 此文发表在《科技中国》2021 年第 10 期，p52-54。

产业发展的支撑能力”,并对九个方面的重点任务进行了全面部署。十九届五中全会突出强调创新在我国现代化建设全局中的核心地位,提出坚持创新驱动发展、全面塑造发展新优势的要求。笔者认为,目前的科技服务还不能满足面向世界科技前沿、面向经济主战场、面向国家重大需求及人民生命健康的科技创新需求,各类专业性、综合性的科技服务要进一步深度融入科技创新的方方面面。

为了强化对科技创新的支持力度,各级政府依托各种机构和平台的建设,加大对科技服务的供给和鼓励,虽然也整合了很多社会资源,动员了很多社会力量参与,但仍未脱离行政服务的一些特点,政府主导、公益为主、项目支持、部门分割等问题还是十分突出,导致科技服务效率不高、效果不显,无法满足广大企业快速增长的科技服务需求,不能适应市场化灵活、多变、快捷的要求。笔者多年一直从事与成果转化、创业孵化、科技金融相关的服务,个人认为,在互联网和大数据时代,可以更多地引入市场化模式,借鉴产品化的理念,加快科技服务的专业化、市场化进程。所谓产品,是指人们向市场提供的能满足用户某种需求的任何有形物品和无形服务,其成功的关键在于使用价值能恰当地满足用户的期望。服务,尤其是科技服务,作为一种无形的产品,往往需要通过各类活动和政策实施来表现，其核心价值在于精准理解应用场景，并不断提升服务对象的体验与获得感，这些特质应该在供给和发展过程中特别加以留意。借鉴以上理念，建议从以下几个方面来优化科技服务品质。

一、用产品化的理念来设计科技服务内容

一是以满足服务对象的真实需求为出发点。目前的科技服务行政色彩还比较深厚，很多是以政府的意愿为出发点，觉得应该为科技人员和企业提供一些诸如科技信息、人才培训等服务，但却不重视市场和企业的真实需求。如发布的信息，有些内容陈旧，有些难以互动，有些专业性不够，加之后期很少跟踪回访，使很多科技信息发布成为“剃头挑子一头热”的工作；人才培训有时也很类似，组织一批科技工作者或企业高管，在高校上几天课、参观几个企业、举办一些座谈交流活动，很多时候变成了一种企业交友的场景，与真正的人才培训还有很大距离。这些常见的情况说明了我们在先期设计和准备具体服务内容时缺乏周密的分析与策划，因此投入的时间与精力与我们预期的效果相距甚远。笔者认为，不论是何种类型的科技服务，都要当作一个市场化的产

品来看待，要找到服务对象真正感兴趣的内容，把握住企业的真实需求，要用市场调研分析法去找科技服务的着力点。这需要我们在先期进行大量的调研和分析，主动地走到企业中去，与服务对象进行深入的交谈与互动，根据真实的需求，设计出服务对象满意、示范效果明显的特色科技服务。在企业真正感兴趣、需求最强烈的点上着力，改变过往行政式服务重形式、轻效果的传统，同时更好发挥行政动员力强的特点，更合理地组织资源，让科技服务真正得到广大企业的欢迎和认可。

二是以提高科技服务的精准性为目标。真实需求是科技服务的核心，但在众多的需求面前，我们还需要进一步明确提供服务的边界、周期以及与其他服务的联动性。如创业投资服务能快速促进科技成果转化，但很多掌握技术成果的教师缺乏创业热情和经验，这时应提供有合作意向的企业对接等服务；再如，各地涌现出来的概念验证中心、中试熟化基地，专门针对某专业领域来建设公共服务平台，可以有效地降低入驻企业的研发成本，并通过平台的关联性逐渐为企业建立上下游关系，形成小的生态，能很好地提高科技服务的效率。笔者认为，科技服务内容多、个性化程度高，具体服务的定位更要精准，要像其他市场化的产品一样，有边界、有频次、有延伸服务的计划安排等等。不然，很容易导致服务的宽泛和低效。科技服务相互学习借鉴的比较多，但很多外地经验复制推广以后效果不佳，就是因为我们并没有像研究产品一样去认真分辨这些服务的针对性和适应性，没有与本地实际深度结合，导致很多服务“徒有其表”。

二、用产品化的理念来深化科技服务运营

一是学习商业化宣传方式，打造科技服务品牌。科技服务相较于一般的生产服务专业性更强，在宣传推广上容易陷入“自说自话”的困境，往往花了很大的精力去推广，但企业并不十分认同。其中有很多科技服务带有公益性质，有一种天然的优越感，认为有行政资源的支持，有政府背书，公信力强，不需要像商业服务那样去宣扬、去造势，导致供需双方信息的不对称。服务效果不好时，往往搞不清楚是服务平台资源不够，还是服务对象不了解，或者是沟通互动不方便、不快捷。这就要求我们科技服务提供者在优化服务内容的同时，学会用商业的方式，做好线上线下的宣传，运用各种平台、活动、会议等关联形式，从不同角度来突出服务的内容和特点，在不断扩大服务覆盖面的同时打造自己的品牌。如“猪八戒网”最初只是一个提供创意设计的线上平台，通

过比赛、抢标交易模式开辟了新的商业模式，还创立了“八八节”等活动，从不同的角度强化了自己的品牌主张“开公司就找猪八戒网”，在科技服务产业中起到了很好的引领示范作用。

二是强化运营价值挖掘，促进科技服务良性循环。科技服务通常强调的是供给，运营的意识不是十分突出，往往认为只有商业化的产品和平台才需要持续运营。但科技服务作为一种智力服务，是一个为原始的创意、成果、项目不断赋能的过程，通过科技服务增加新的价值，不仅为下一环节的服务商打下良好基础，还可以通过对沉淀数据的挖掘，发现新的服务产品，获得更多的服务收益。也可以为抢占发展先机做好资源储备，以此形成科技服务的良性循环，构建科技服务产业的良好生态。比如很多创新创业大赛，大家普遍关注的是比赛的圆满结束，以及获奖或获得投资的创新企业的数量，而其他的参赛企业，其实也是有某些潜质的，值得后续跟进辅导，为其提供商业渠道、人才引进、模式创新等方面的帮助，这些企业几年后也可能随着技术的成熟或环境的变化，呈现出跨越式的发展态势。在武汉，如中部知光、东科创星等机构，都是通过有意识地深度运营各种活动和服务，挖掘其中的潜在价值，在服务质量不断提高的同时也实现了自身的快速发展。强化运营，说起来容易，但具体操作起来需要有极大的耐心、恒心和公益心，同时也要求服务人员有很强的专业把控能力、敏锐的市场意识等等，才可能将差异化、个性化的服务变成品质稳定的服务产品，赢得企业长期的关注和参与。

三、用产品化的理念来强化科技服务管理

一是通过标准设置整合科技服务资源。每款产品都有自己的标准，才能更好地在市场上流通。科技服务也要有这种思维，什么类型的服务包含什么内容、做到什么程度、达到什么效果，都要尽可能地提出标准和要求，才有利于服务的推广和提高。比如技术转移虽然是一种个性化程度非常高的服务，但 2017 年国家还是专门出台了《技术转移服务规范》，明晰了概念，并规定了七种模式较成熟的类型，提出了差异化的服务内容、服务要求和服务流程，力求引导技术转移服务与互联网技术、金融资本深度融合，向专业化、市场化、高端化方向发展。这些内容不但为具体从事这一工作的机构提供了很好的指引，也为政府购买高质量的社会化服务提供了支撑和依据，使政府部门将主要精力集中在整合资源、强化管理、弥补不足等方面，把一些能够由市场提供的服务全部交由市场去做。如现在的高新技术企业的

申报、知识产权的代理、检验检测认证等服务，已经基本市场化；而成果推广、技术交易、科学普及等一些具体的服务事项也经常外包给第三方来实施，科技服务产业的细化和专业化趋势越来越明显。

二是通过绩效反馈提升科技服务品质。有产品、有标准，就比较容易设置绩效评价体系。很多科技服务供给往往会夸大其效果，庞大的数据和高大上的活动是不是就一定能产生巨大的社会影响和带动力？还有些需要大量资源支撑的科技服务，如科技成果转化，是以满足企业需求为主，还是以高校的成果孵化为重？这些问题，不同的地区应根据不同的资源禀赋有针对性地设计评价机制、考核办法、支持政策。绩效反馈可以使我们的服务类产品越做越有特色，更好地聚焦优质资源，提升服务效率。成都的“科创通”平台，通过多年的积累，实现了科技型企业数据的共通共享，与银行、投资机构、保险机构及财政部门共同推出了系列惠企服务产品，如企业做技术研发，检验检测可使用“科创券”，降低风险损失可以购买“科创保”，需要融资可以使用“科创贷”和“科创投”，而获得了投资还能享受配套资助的“科创贴”，通过环环相扣的产品服务链，将对科技型企业的支持具体化、工程化，通过多维度绩效反馈强化了科技服务，且实现了资源的最大化利用。

综上所述,科技创新离不开科技服务,科技服务则要为科技创新提供更强的支撑。将科技服务打造成一个个目标清晰、内容实在、标准明确、可考核、可复制、可推广的品牌产品,一定会给我国创新体系的建设奠定坚实的基础。

附录 5

武汉市科技成果转化高地该如何打造[①]

赵峰(武汉市科技局)

党的十九届五中全会第一次将科技创新摆在各项规划任务首位,专章部署,分量之重、内涵之丰富,前所未有。全会指出:“要强化国家战略科技力量,提升企业技术创新能力,激发人才创新活力,完善科技创新体制机制。”这四句话为未来五年的科技创新工作指出了方向,明确了基调。湖北省委十一届八次全会提出要加快创新驱动发展,以人才为支撑打造创新高地,以转化为关键加速创新应用,以企业为主体增强创新能力。武汉市委十三届十次全会也提出打造产业创新高地、创新人才集聚高地、科技成果转化高地,加快培育发展新动能。作为长期从事成果转化的科技工作者,“打造科技成果转化高地”这一目标,是任务也是旗帜,是鼓舞也是挑

① 此文发表在《科技中国》2021 年第 2 期,p77-80。

战。打造一个什么样的高地？如何打造？笔者结合多年的实践和经验，对“高地”的建设表达一己之见，与大家交流，共谋科技成果转化大计。

一、科技成果转化高地的特点

科技成果转化，是指为提高生产力水平而对科学研究与技术开发所产生的具有实用价值的科技成果所进行的后续试验、开发、应用、推广，直至形成新技术、新产品、新工艺、新材料，发展新产业的活动。从此定义中，我们能看出科技成果转化是一个动态的发展过程，是有效集成各方面资源的结果，所以，只有具备了如下特点，才能称之为成果转化的“高地”。

一是成果供给质量高且能自主。科技成果的资源丰富，不但表现在数量上，更重要的是成果的专业水平高，还从领域、创新度、技术成熟度、市场应用方向等不同角度进行了细化分类，产权明晰，团队自主性强，合作转让许可非常便捷，与之相配套的成果发布平台有权威性、公益性和品牌号召力。如中关村国家自主创新示范区充分发挥区域科教优势，打造科技成果转化与技术交易综合服务平台，转化了一批高质量的成果。

二是企业技术需求旺盛且着眼长远。企业加大研发投入的意愿强烈，有承担一定风险的意识和能力，一方面解决现实生产发展中的痛点难点问题，另一方面为今后的转型发展做好技术储备，这样的企业需求围绕着产业链形成创新链，有层次且相互关联，自然会引导相关成果进一步聚集，促进需求导向的成果转化正循环。如珠三角地区虽然科教资源不发达，但旺盛的企业需求形成了巨大的引力场，全国很多高校、科研院所都在此设立了分院和研究所。

三是平台熟化能力强且懂市场。成果在后续试验、开发、应用、推广过程中可以得到各类平台的支持，平台的熟化、孵化能力非常强，能联合多种工程化方式快速地将实验室成果变成样品、形成产品，能灵活运用市场化方法将项目变成企业、形成产业，并从中获得相应收益来促进自身的发展壮大。中国科学院深圳先进技术研究院就是其中的典型代表，现在各地积极发展"四不像"新型研发机构，也是为了加快成果转化的市场化进程。

四是中介服务内容细且有特色。成果转化过程中所需要的咨询、法律、财务等服务需求，基本上"有求必应"，专业化机构不但能提供有效服务，甚至可进行主动辅导、策划，各类中介服务机构形成分工合作、纵横联动的网络，技术经纪人有地位、收入高，区域性科技服务有口碑、有品牌，特色行业、细分领域、个性化要求的成果转化也有专门机构承接。《上海市推进科技创新中心建设条例》就专门指出，要积极培育科技服务机构，鼓励创新服务模式。

五是资本金融支撑实且成体系。从早期的技术项目开始，直至最后的 IPO 上市，资本和金融都愿意积极介入，政策鼓励使金融支持贯穿成果转化的全过程，数量众多的投融资机构形成“扎堆效应”。除了资金的支持外，还能提供专利保护、创业辅导、财务规范、商业策划、渠道对接等系列服务，促进科技成果转化早出效益、快出效益、多出效益。欧美发达国家的风险投资机构起步早，比较注重对早期成果的投入，服务也更成熟、更有体系，我国风险投资事业虽然只有三十多年的历史，但目前发展较快，一些地区纷纷建立了各具特色的风险投资公司。

六是对外开放意识强且谋共赢。对不同产业领域、不同国家区域的成果转化，秉持开放、合作、互信、共赢的信念，支持多学科交叉汇聚和跨界融合，人才信息自由流动，创新创业环境宽松，在区域和全球科技协同创新中有一定的影响力、号召力和吸引力，有能力进行全球创新资源的配置。成都的欧盟项目创新中心就是中欧双边政府共同支持搭建的国际合作平台，作为专业化服务机构与国际项目执行平台，推动了双方在科技、贸易、文化及投资等方面的全方位合作。

二、武汉市科技成果转化的现状及存在的问题

武汉市近年来大力实施创新驱动战略，强力推动科技成果转化对接工程，形成了科技成果转化的“武汉样板”：进一步强化了组织领导，贴近高校；进一步丰富了活动形式，营造氛围；进一步完善了体系建设，深化服务；进一步推动了体制改革，优化政策。这些创新之举在全国都有一定的影响力。但科技成果转化是世界难题，需要不断探索和实践。武汉市的科技成果转化工作依然存在许多问题，离建成科技成果转化高地还有不小的差距，原因如下。

一是武汉市高校、科研院所数量多，科技成果资源丰富，从数量上看有一定规模，但成果分散，应用性成果不多，企业获取比较困难；高校、科研院所的教师创新力强，但转化能动性不足，自主权不够，市场化经验匮乏，思想相对保守，不善于灵活运用转让、许可、技术入股等方式进行具体操作，难以找到相匹配的企业资源进行持续合作，很多成果被束之高阁。科技成果转化平台的权

威性、互动性不足，尚未形成专业化梳理和常态化推送的机制。

二是武汉市国有企业研发相对封闭，民营企业没有沿海城市的发达，“小富即安”的思想浓厚，吸纳新技术进行转型升级的愿望不强烈，对成果的承接能力较弱，不舍得投入大量资金进行持续研发，急功近利，很少围绕产业链创新发展进行长远谋划。此外，校企共建研发中心、创新联合体等活动得到的激励和支持也比较少，不利于企业的跨越式成长。因此，核心竞争力强的行业隐形冠军企业、“独角兽”企业、上市公司等企业数量在全国同类城市中没有明显优势。

三是武汉市的科研单位多、产业门类大而全，但应用性研究平台、工程化平台数量少，企业化的新型研发机构尚未形成主流，能提供的服务有限，市场化能力不足，很多还处于需要政府财政资金扶持发展的阶段，尚不能为成果走向市场提供强大支撑。

四是武汉市技术转移示范机构已经有100多家，但就近千亿的技术交易市场而言，大部分仍然是供需双方自发对接形成的，为其提供专业服务的中介机构规模小、数量不足，提供的也是较为简单的对接、咨询、申报等服务，个性化、专业化的深度服务能力较弱，缺乏稳定的收益来源，技术经纪人队伍远不及房产中介、法律中介等成熟规范。

五是武汉市做早期天使投融资的机构少，资金量小，大部分机构都是看到创新企业有稳定的收益增长趋势时才开始介入，且很多只能提供资金的支持，很难提供科技成果早期的专利增值、项目优化、创业辅导、渠道对接等系统服务。

六是武汉市对外开放程度较沿海城市弱，各类资源的开放共享程度也不够，虽然学术交流活动多，但专业性、行业性、商业性的论坛、展会、交易会等品牌活动少，激励政策匮乏，创新氛围不浓，对全球的高端人才、研发机构、金融资本等优质创新资源的吸引力不足，尚未构建一个促进科技成果转化的良好生态。

三、建议

武汉市的科技成果转化经过多年的努力，奠定了良好的基础，武汉市委十三届十次全会提出打造科技成果转化高地，再次强化了这项基础性工作的重要性。相信成果转化的涓涓细流必将汇成大江大河，为武汉市的科技创新注入更多的源头活水，成为建设国家科技创新中心的重要支撑之一。

一是成果供给要实现数量到品质的共同提升。武汉市要进一步深化科技成果"三权改革",充分调动在汉高校的积极性,导入中国科学院武汉分院在汉转化服务中心和中国高校科技成果转化华中中心的优质资源,汇集更多、更新、更优的成果,发挥成果转化信息平台的作用,加强成果的梳理、分类,不断进行动态更新,进行通俗化解读和精准化推送,利用视频推介、线上路演等新的信息展示形式,使之易获得、易对接、易交流,形成量多质优的成果供给"高地"。

二是企业需求要突出现实需求到长远发展的相互结合。武汉市要鼓励企业针对现实的技术难题和生产问题提出需求,主动对接高校的研发平台和专家团队,加大研发投入,谋早谋远,围绕产业链提前布局创新技术,进行创新能力的储备。出台更多更优的政策,支持重点项目"揭榜挂帅""协同攻关",形成校企合作、企企合作的创新联合体,促进产业链上下游创新的有机融通,形成旺盛活跃的技术需求"高地"。

三是平台熟化实现公益性到市场化的多元化赋能。武汉市要大力发展以应用研究、中试熟化为主的新型研发机构和工程化平台,让基础研究原始创新的"最先一公里"和市场化应用的"最后一公里"有机衔接,将早期的研究成果快速转化为市场可接受的产品、商品,顺利跨越科技成果转化的"死亡之谷"。政府通过绩效考核和购买服务的方式加大对其建设运营的支持，鼓励这些平台和机构做好公益性服务，同时也要鼓励他们用更多的市场化的方式获得收益，打造一批投资主体多元化、建设模式国际化、运行机制市场化、管理制度现代化，具有可持续发展能力、产学研协同创新的平台，形成功能强大的成果熟化“高地”。

四是中介服务要实现队伍到品牌的多层次建设。面对国内外巨大的竞争压力，武汉市要从促进技术市场繁荣活跃的根本出发，培育一批又一批高素质的技术经纪人，夯实成果转化的基层队伍，营造良好的氛围。强化成果转化体系建设，促进科技成果转化过程的社会分工和专业协作，不断为其赋能，调动各类中介服务机构的资源和积极性，为成果转化匹配更加专业的服务，提升服务的品牌和知名度，形成特色突出的成果服务“高地”。

五是资本金融要实现种子期到上市期的全链条支撑。武汉市要充分发挥产业引导基金的作用，解决创新投入力度不足的问题，真正形成政府引导、社会参与、市场运作的创新资源配置模式，鼓励更多的金融机构投资处于种子期、起步期等创业早期的企业，确保项目从成果早期的实验室阶段、中试孵化、技术合作、创办企业，直到后期的企业成长、产业壮大等阶段都有资金的助力推动，并配套相应的人才引进、企业规划、市场拓展等专业服务，形成全生命周期的成果转化金融“高地”。

六是开放合作要实现人才到区域的全方位对接。围绕武汉市“十四五”期间建设国家中心城市、长江经济带核心城市、国际化大都市的总体定位，结合武汉科教资源丰富的优势，从高素质人才的引进与交往入手，举办各类区域合作与国际交往活动，带动科技、文化、金融的有机融合，促进经济贸易的全面繁荣发展，实现创新合作的多方共赢，形成自由宽松的成果转化对外合作“高地”。

九层之台，起于垒土。在一步步的积累下，武汉市科技成果转化高地一定会达到新的高度，武汉市科技成果转化工作一定会登上新的台阶。

附录 6

强化成果转化服务 促进融通创新发展[①]

赵峰（武汉市科技局）

2019 年，党的十九届四中全会提出“建立以企业为主体、市场为导向、产学研深度融合的技术创新体系，支持大中小企业和各类主体融通创新，创新促进科技成果转化机制……”，再次拓展了促进科技成果转化的思路和空间。笔者在武汉的科技成果转化工作中观察到，强化服务与各类主体的融通创新能形成良性循环互动，下面就结合具体实践中的经验和问题，谈一下自己的体会。

---

① 此文发表在《科技中国》2020 年第 10 期，p24-27。

一、强化服务能有效促进融通创新

（一）融通创新的三大特点

成果转化中从原始创新到转化为现实生产力，是一个漫长而复杂的过程，更是一个融通创新的过程。笔者认为，所谓融通创新，主要有三个方面的特点：一是多主体合作，主体的数量、类型要多。现阶段的成果转化已经不仅仅是简单的校企合作，政府、园区、平台、机构、企业之间的合作也越来越多，合作主体数量巨大、类型各异，合作形式不拘一格、层次丰富，与之相配套的服务也在不断细化、专业化、市场化，只有足够数量和类型的主体共同参与，才能为融通创新奠定良好的基础。二是多形式创新，创新的维度、方法要多。中国现阶段“放管服”改革不断深入，释放了很大的创新空间，无论是产业创新还是产品创新，是技术创新还是模式创新，都没有固定的套路和框架，创新的维度和方法越多，融通创新氛围就越活跃，创新的价值就越容易凸显。三是多元化价值取向，社会价值、经济价值的实现方式要多。融通创新的目的是共生共赢，让各类主体在合作创新中都能够获得成长，实现自己的价值取向，呈现出积极的经济意义和社会意义，融通创新才会更持久、更有带动性。

（二）推进融通创新的两个着力点

大中小企业如何与各类主体进行融通创新？笔者认为，一靠利益驱动和价值驱动共同发力。利益是各种合作的基础，要找到各合作主体的共同利益点，可以从一个小的着力点带动整体创新的良性发展。融通创新同时也要着眼未来，要让合作各方看到创新的潜在价值和长远价值，增强融通创新的信心，共同克服合作中存在的各种障碍。做好二者协同平衡的规划与指导，有利于激发各方积极性，形成最大合力。二靠专业化的服务保障。多主体的合作以及创新的个性化，是需要更多的配套服务支撑的，专业化的服务能将多种创新要素整合在一起，以提高融通合作、共同创新的效率。我国的成果转化效率低，主要原因之一是我国专业化的技术经纪人队伍缺乏，尤其是缺乏一批如斯坦福大学技术转移办公室、德国史太白技术转移公司等专业性服务机构的支撑。这既是我们成果转化工作的一个短板，同时也是一个很好的切入点。因此，从强化服务入手，能有效促进融通创新的深入。

二、成果转化服务促进融通创新的武汉实践

通过成果转化服务促进融通创新，武汉市一直在进行探索和实践。武汉市近几年实施“成果转化对接工程”，培养了一批技术转移示范机构和中介服务机构，这些机构围绕成果转化不断细化、分化、专业化，营造了一个集研发、法律、金融、市场等多种服务共生共荣的良好环境，成果转化服务对融通创新的促进作用逐渐显现，并呈现出一些新的发展特点和趋势。

（一）主要工作特色

一是保持公益性与市场化运营并行。成果转化服务周期长，不确定性多，加之供需双方后期的深度沟通和谈判基本不需要第三方参与，导致成果转化服务本身的价值难以体现，只能通过后期的咨询、法律、财务、投资等增值服务获取部分利益来支撑转化服务的长期运营和发展，因此现阶段还未形成成熟的产业链条。目前武汉市科技部门及各高校、科研院所公益性的机构、平台发布的信息，提供的公益服务相对更有权威性和公信力，仍然发挥着主渠道的作用。随着技术交易市场的不断活跃，市场化的机构不断加入成果转化服务队伍中，

武汉市采取多种合作形式，用市场化的方式来激活资源，提高了成果转化的效率。如小型成果转化活动采用“政府出钱、机构搭台”的方式交给中介机构承办，吸引了大量中介机构积极参与，这些机构主动盘活自身资源，主动创新对接方式，促进了很多成果的深度合作。同时还委托市场化的机构运营公益性平台，用更丰富、更灵活的方式来做好平台宣传及平台信息的推广应用。

二是资源特色各异，服务模式多样。成果形式不一，转化目的不同，过程中的个性化要求就更多。在武汉强力推进成果转化工作的过程中，不同的机构也因自身的资源差异，服务模式也各有特色。例如：①中科院湖北产业技术创新与育成中心，也是中科院成果转化在汉服务中心，他们与中科院系统100多个院所建立广泛联系，数十年来推动了多个院地项目合作。②中国高校（华中）科技成果转化中心，是武汉市与教育部共建的企业化技术转移机构，他们依托教育部资源，以“蓝火计划”人才项目为抓手，聚焦武汉地区的“985”“211”“双一流”大学的技术成果与团队，持续促进校企合作。③中部知光技术转移有限公司，是一家省级技术转移示范机构，他们的特色是将成果转化的系统化培训、知识产权运营及企业需求挖掘结合在一起，近年来发展十分迅速，形成了100多人的专业化服务团队。④武汉理工大学科技合作与成果转化中心，是武汉理工大学直属的按企业体制运行的正处级事业单位，将武汉理工大学的成果进行精选打包，整体进行对外合作和转化，现已经在全国建设各类成果转化中心或服务站数百家，促进了校企合作的创新。⑤武汉欣略科技咨询有限公司，多年从事高新技术企业培育外包服务，积累了大量的企业真实需求，2020 年承接了武汉成果转化平台的运营，将线下资源与线上活动有机结合起来，有效促进了供需双方的对接。⑥武汉激光链智能化及高端制造行业协会，利用协会优势主动对接 300 多个会员单位，促进了产业链的全方位合作和各方成果转化的积极性。⑦武汉海聚科技投资有限公司，专注于高校的创新创业项目孵化、辅导培训等服务，通过大赛等活动形式，推动成果的快速商业化。⑧武汉天使翼创业服务有限公司，从投资的角度出发，对部分成果项目进行深度研究，提供成果孵化、产品熟化、市场拓展的全过程服务，陪伴企业全生命周期的成长，促成了一批成功案例。以上这些机构只是众多服务机构里的一部分，有很强的代表性，机构的分化和细化表明：随着武汉成果转化发力点不断增加，成果转化体系更加完善，基层成果转化队伍的支撑力量更强。

三是注重品牌打造的同时探索盈利模式。社会服务机构的积极参与营造了武汉成果转化的良好氛围，但也容易带来发展良莠不齐的问题。武汉市科技局通过绩效考核与滚动奖励，加大对技术转移示范机构的培育及考核，通过政府购买服务的方式规范大、中、小型活动的组织，很多资源优势明显、服务能力强的机构品牌影响力逐渐凸显，他们在做好成果转化对接活动的同时，也大量承接省、市、区的人才引进、创新创业、投融资、招商等活动和服务，在市场化的竞争中数量增加迅速，综合服务能力也提高得很快。

（二）存在的问题

虽然武汉技术转移服务机构成长很快，提供的成果转化服务也各有特色，但总体数量仍不足以支撑广大高校、科研院所和企业对于成果转化的需求，服务能力还有待提升，很多还停留在简单的信息对接服务层面。每项成果的成功转化都需要耗费大量的时间和精力，在转化覆盖面与转化质量上无法同时兼顾：有些机构掌握大量的成果，却没精力一个个去深挖；有些机构将注意力聚焦在个别熟悉的领域、项目、企业的跟踪服务上，很难扩大服务面。机构数量增加也带来了对部分优质资源和项目的同质化竞争，机构之间很难达成合作共赢的共识，信息交换、资源共享不够，未形成差异化发展态势。

机构在商业化发展过程中，对自己的发展方向缺乏明晰的判断，很少从建设技术转移品牌的角度来规划未来，经常受环境影响，希望涉猎和探索的领域变化较多，自身的优势资源未进行充分的挖掘和发挥。

三、成果转化服务促进融通创新的几点建议

根据武汉在成果转化服务方面的特色及存在的问题，结合近些年笔者在成果转化方面的思考，建议从以下几个方面来强化成果转化服务，促进融通创新发展。

一是支持公益性发展与引导市场化运营并重。成果转化是世界性的难题：企业急需，但因其可能承担的风险和付出的代价，不愿投入太大；市场化的机构也因其获利不稳定，不愿全力做这方面的服务，尤其是成果的筛选、梳理、推送、对接等基础性的工作。这些工作需要有公益性、公信力、权威性，因此政府、高校、科研院所和一些相关的公益性组织要发挥基础性引导作用，增加投入，配强人员，用择优支持、政府购买服务等激励方式，引领各类中介服务机构共同做好成果转化服务，体现其公益性。而当成果经过了中试熟化，到了有样品、有产品的阶段，则需要放手让其进行市场化运营，通过市场竞争的洗礼和打磨，不断完善和进步，凸显其在行

业和产业中的优势。

二是制定差异化政策,鼓励机构特色发展。成果转化服务的个性化较强,单一的扶持政策难以真正发挥激励的作用。有些地区曾经希望借用房地产中介提成模式来奖励成果转化服务,但因对机构和服务都不好界定,导致政策执行困难。因此,要把好事做好,要制定差异化的政策:对有优质成果资源的机构,可根据其导入的资源量给予支持;对努力挖掘企业需求的机构,可支持提取校企合作的佣金;对有较强孵化能力的机构,可用孵化器相关政策给予支持;对专注于成果投资的机构,可给予产业基金优先跟进的支持。但更多更重要的支持在于,要不断地为这些发展中的机构注入资源、匹配资源,尤其是通过公益性服务精选的成果和需求,是所有成果转化服务机构最坚实的基础性支撑。只有这样,从事成果转化服务的机构才能各取所需,各展所长,才会呈现出不同的特色,形成生机勃勃的成果转化氛围。

三是强化机构间的合作,促进资源融通创新。成果转化过程中能匹配的资源越多、获得的服务越充分,转化的效果就会越好、效率就会越高,但一个机构很难同时掌握所有的资源,尤其是细分领域需要进一步深挖的资源,每个成果转化都需要大量合作,需要多方面的支持。因此各类成果转化服务机构要尽可能地扩大合作范围，以开放的姿态加强交流与沟通，让各种资源更好地融合、流动起来，创造出最适合的成果转化条件，共同促进成果转化。各机构通过合作，一方面让专业人做专业事，另一方面对成果服务各环节进行综合集成，不但能提高成果转化效率，也能让各机构的资源价值得到最大化利用，有利于创新服务模式、强化自身优势，也有利于各类机构进一步细化、分化、专业化，延长、拓展成果转化服务链，形成促进成果转化的良好生态。

四是多维度宣传，扩大品牌影响力。成果转化服务不但要干出来，还要说出来，尤其是优质成果的推送、供需双方的撮合、平台的资源、机构的服务能力，一定要进行策划，从多方面进行宣传，让各类资源的对接更精准、更有效。同时，通过对一些成功案例的解读，总结出一些可复制、可推广的经验，建设一批有品牌的、专业化的技术转移服务机构，扩大其影响力和辐射面，让各种需求能主动寻求机构的服务，机构也能快速为其提供整体解决方案，促进整个成果转化服务的良性循环发展。

附录 7

科技成果转化有关实践性问题的思考[①]

赵峰（武汉市科技局）

学术界对科技成果转化的研究主要集中在理论探索和政策解读方面，在可复制、可推广的成熟经验方面研究较少。本文从科技成果转化工作实践出发，从成果加工、明确需求、服务选择、产业壮大四个方面入手，研究探讨了科技成果转化的十二个实践性问题，并提出了相应的对策建议。

科技成果转化已经成为国内外日益关注的重点，各地的理论探索和政策支持层出不穷，但可复制、可推广的成熟经验却不多，尤其在实操层面，从事转化的工作人员会感到无从下手，难以落地。笔者从事科技成果转化工作多年，现从成果加工、明确需求、服务选择、产业

① 此文发表在《科技中国》2019 年第 12 期，p30-35。

壮大四个方面的十二个具体问题入手，将个人的一些思考进行总结、梳理，以供参考借鉴。

一、关于成果加工

从《中华人民共和国促进科技成果转化法》的定义来看，科技成果转化，是指为提高生产力水平而对科学研究与技术开发所产生的具有实用价值的科技成果所进行的后续试验、开发、应用、推广，直至形成新技术、新工艺、新材料、新产品，发展新产业等活动。因此，在成果转化前，我们有必要找到“具有实用价值的科技成果”，而不是一个简单的论文或想法，对成果进行梳理和加工是一项十分有意义的重要工作。

（一）高校院所成果需要通俗化解读

目前，大部分未转化成果来源于高校、科研院所。笔者看过很多高校的成果汇编，大多是简单地将论文和研究项目的题目列出，罗列了很多技术参数，表述囿于定义很窄的学科领域，使希望从中看到创新点和商业价值的需求者一头雾水，有时整本书都找不到联系人和联系方式，让需求者如同大海捞针一样去寻找满足需求的合适成果。也有一些科技成果转化的网站，成果数量很大，但分类粗糙、时效性差，同样也难以直接联系到成果持有人，使得大部分的类似网站活跃度很低，很难对企业产生吸引力。因此，成果描述要进一步向需求端靠拢，需要有专门的人去进行通俗化解读，去芜存菁，细化分类，提供更多需求方关注的信息。比如，技术的先进性在哪里，可用于哪些行业和产业，与市场通用的产品相比性价比如何，合作方式和价格，技术团队如何联系等等，至于具体的参数指标可在具体对接中进行深入的专业化探讨。

对于成果的通俗化解读，笔者建议：一是高校自身要重视。充分利用高校多学科交叉融合的优势，可让一些管理专业、商务专业的教师对学校的成果做一些市场化的解读，进一步细分门类和领域，编辑成企业感兴趣的手册，加大推广力度，从而有利于强化校企深度合作。二是政府要将此项工作作为一个公益性、基础性的事务。组织专家或委托专业机构，按科技部的《技术转移服务规范》国家标准对成果进行标准化信息采集，建立可共享的、基础的成果数据库，并加大推广和宣传的力度，以提高成果的流通和交易效益。三是鼓励成果持有人提高转化意识。不要一个"简介"包打天下，要将"成果"编辑成不同用途的版本，有适合媒体推广的，有适合科普宣传的，有适合企业采用的，或简或繁，看对象、看场合，才能更好地将成果转化做到位。

（二）成果熟化要找好技术团队

高校、科研院所的科技成果与企业的需求还有很大距离，许多在实验室测试性能良好的技术和成果，要在大规模批量化生产中保持稳定性和可靠性，同时兼顾成本与预算，需要较长时间的中试熟化、工程化、工艺化的过程，需要与成果方技术团队反复磨合交流，共同达成预期的目标。东湖高新区的湖北凯瑞百谷农业科技股份有限公司试管薯技术，就是依托华中农业大学马铃薯科研团队，不断加大产品创新和科技投入力度，包括对相关设备进行专门改进加工，使之更易清洗、易操作，可反复使用，经过多年的合作开发，从而在马铃薯种苗市场上占据了半壁江山。所以，在成果转化时，找准技术团队，保持长期合作，比知道成果的具体参数更重要。

对于找技术团队，笔者建议：一是企业要发挥主动性。在寻找适合自身需求成果的同时，积极主动与成果持有人及其团队联系，确立长期合作关系，便于在转化过程中更顺畅地推进成果的产品化、市场化，以及今后共同研发更多新的技术和产品。二是企业在合作中要加大对技术团队的持续投入。可适当地给予技术团队一些股权和期权的激励，有利于调动人的积极性，保持合作的活跃度,有利于提升成果转化的效率。三是成果持有方也要有风险共担意识。不要在成果交易时过度强调一次性的现金收入,后期技术团队与企业在共同研发的过程中,不但自己团队的技术能力会得到进一步提升,同时也能更好地共享未来的收益,形成良性循环。

(三)成果整体转化效果更好

现在很多企业提出的需求是要“解决方案”“交钥匙工程”,不是单一的某个成果。一个新产品、新工艺、新材料的产生需要一系列专利或成果的支撑,单一成果的价值不高,也很难与企业尤其是大企业平等谈判。另外,高校的技术转移办公室能力有限,大多数成果转化还是依靠教授的单打独斗,而教授的精力有限,在与企业谈判、签订合同及后期的合作方面法律意识不强,碰到具体纠纷时不知如何处理,将成果转化工作视为畏途,极大地影响了成果的转化。武汉理工大学的成果转化中心有意识地将相关专业的成果进行梳理,打包转化,既提高了成果的交易价值,又获得了更多与大企业合作的机会,同时也减少了教授们的后顾之忧。

对于成果打包转化,笔者建议:一是高校、科研院所要提高整体转化的意识。主动做一些成果梳理整合工作,尤其是对优势学科要做好知识产权运营,形成“组合拳”。山东理工大学“无氯氟聚氨酯新型化学发泡剂”专利技术卖出5亿元天价，得益于国家知识产权局对其开展的专利导航服务，共协助其申报了4项国家发明专利和1项国际专利，为其成功转化提供了有力保障。二是学校或政府平台要为成果整体转化配置专业团队。组织成果转化服务团队，强化团队中既懂技术，又了解企业的人才的配置，或安排技术经纪人帮助协调成果转化过程中的具体问题，强化与大企业平等交流谈判的能力，提升整体转化水平，也有利于解决许多教授团队私自转化的问题。三是学会与校内外成果转化关联方建立有效的合作关系。充分发挥协同创新体系作用，打破学校边界，提高在市场经济条件下与多方合作的能力，用好法律和市场的专业力量，保障各方的权益。

二、关于明确需求

习近平总书记提出，围绕促进转方式调结构、建设现代化产业体系、培育战略性新兴产业、发展现代服务业等方面需求，推动科技成果转移转化。但在具体工作中，摸清需求是最难的一个环节。有需求模糊的，有战略层面和技术层面的需求不一致的，有提不出需求、满足于现状的，有怕提需求被竞争对手了解的等等，不一而足。“问题的解决始于问题的提出”，需求不明确，成果转化对接就无法提高精准性，费时耗力效果不好，因此，明确需求是成果转化中要花费大量精力去做的重要工作。

（一）启发式地找准企业真实需求

正如医生看病一样，通常我们在征集企业需求时，企业描述的是现象，比如“次品率高”“想找强度更高的材料”之类，但具体需要什么样的技术和产品又表达不清晰。这就要求我们更多地提问，请一些专家探讨，甚至要做一些检验测试，还需要企业的高度配合，才能将企业真实有效的需求挖掘出来。虽然现在政府和一些中介机构都在从事此项工作，也提供了一些供企业填写的需求表单，希望先扩大对企业需求的了解，再来做进一步的匹配和对接，但不同的人去采集和填报的差异可能很大，给成果转化后期工作带来了很多困难。

对于摸清企业需求，笔者建议：一是多组织高校、科研院所与企业之间的实地参观交流。我们曾有针对性地组织相关企业负责人参观高校、科研院所实验室，很多人感觉受益匪浅，认为许多先进的成果技术是能够与自身的企业相结合的，并主动与专家建立联系。同样，组织专家到企业考察，双方会在行业技术方面交流得非常深入，企业这时会发现自身其实还有很多待解决的问题。这类活动在行业中应是基础性的、常规性的，持续有规律地开展会带来很多产学研的深度合作。二是多方式、多角度综合研判企业需求。为了提高服务效率，我们可以用线上平台填报、行政动员征集、项目悬赏等方式来摸清企业需求。对于初步征集到的需求，还要通过电话再次确认、实地走访、专家研判等方法来核实信息，为进一步的成果精准推送打好基础。三是注重企业需求的连续性和时效性。企业需求一旦得到响应，会因技术配套产生更多新的系列技术需求，进一步对接服务的及时跟进有利于快速推动成果落地转化。同样，如企业需求在各平台多次转发，两年内却无响应，可能随着各方面的发展变化而成为无效需求。

（二）从创新平台里找共性技术需求

共性技术需求是社会和国家广泛关注的，但因为没有明确的界定，所以提的人多，具体的实践案例却不多。较普遍的看法是：共性技术是指在很多领域内已经或未来可能被广泛采用，其研发成果可共享并对一个产业或多个产业及企业产生深刻影响的一类技术；也有人认为共性技术是对整个行业或产业技术水平、产业质量和生产效率都会发挥快速的带动作用，具有巨大的经济效益和社会效益的一类技术。典型的共性技术有纳米技术、计算机辅助设计技术、太阳能技术等。从这些例证中可以看出,共性技术的重要性及推广的难度较一般的企业技术需求更甚。

关于共性技术需求,笔者建议:一是政府要加大对基础研究的投入。共性技术需求因为应用广泛,对行业和产业影响大,需要更多基础性的研究和推广,美国的国家标准与技术研究所(NIST)、加拿大的国家研究委员会(NRC),日本的经济产业省(METI)及其下属的产业技术综合研究所(AIST),都是有政府集中资助的部门。二是创新平台要引导共性技术需求拓展。很多基础研究共性技术需要大量的中试熟化过程,现在各地在大量兴建的工业技术研究院、产业技术研究院、工程中心等平台性质的研究和服务机构,其重要的工作就是帮助成果的工程化并拓展新应用。武汉的点线科技有限公司,将一套为电厂开发的计算燃煤数量的"激光盘煤系统"技术,延伸应用到了矿山、钢铁、粮食等行业,从根本上解决了多个行业散装料场的盘库难题。三是大型企业、行业协会与创新平台要承担部分社会责任。共性技术有很强的外部性,因此导致较严重的市场失灵。这需要大型企业、行业协会承担起部分的社会责任,要加强行业内部以及行业与高校、科研院所、创新平台的交流沟通，积极争取政府部门支持，并配合相关研究单位做好共性技术需求的对接合作。

（三）在众多需求里找到核心问题

企业存在的往往不是单一的技术需求问题，生产、发展、转型的需求通常都是交织在一起的，如何判断轻重缓急，对企业是极大的考验。政府部门组织了创业导师团之类的辅导，对中小企业有一定的帮助，但大部分还是需要企业自己判断和决策。企业如果能够在众多的需求中找到自己的核心问题，找准自己的关键需求，将对企业未来发展起决定性作用。很多知名企业就是把握住了机遇而实现飞跃的。比亚迪就是抓住电池核心部件——电芯的生产，逐渐占据锂电池产业的优势，然后实现对电动汽车的创新。

对于找核心问题，笔者建议：一是对需求进行系统梳理分析。技术需求往往与资金、销售等需求同时存在，互为因果，需要通过梳理形成整体方案，然后抓住切入点，多头并进。我们经常看到很多创新创业的企业一旦找到了投资，就能迅速地改进技术，扩大销售，进入良性循环，实现快速发展。二是细化分解需求，按轻重缓急，逐步推进。尤其是一些大中型企业，往往都有自己比较明确的战略规划，通过深耕细作保持在行业中的领先位置。三是在发展过程中逐步明确核心需求。很多需求是在发展过程中产生的，也是通过发展解决的，同样，很多核心需求和问题也是在发展中逐步明确的，如攀升电脑起初主打电竞定制主机，但随着行业天花板的凸显，开始进入更细分的电竞领域一体机、设计师专用电脑等方向。

三、关于服务选择

成果转化是一个复杂的系统工程，在转化过程中，不可能所有的环节和内容都由成果持有者亲力亲为。随着学科的细分和交叉融合，一个团队的专业性也是比较局限的，很多的对接合作是需要第三方支持和服务的，怎么去找合适的助力，如何更好地合作，一直都是成果转化中的难点和痛点。政府也在不断打造各类公共服务平台，大力发展科技中介，希望高校和企业借助中介之力提升成果转化效率。比如侧重于中试熟化的工程技术中心，侧重于创业孵化的各类孵化器及创客空间，侧重于投融资的风险投资机构，侧重于知识产权运营的专利机构，还有各种不同性质的咨询服务机构、财税事务所等等，都从不同角度发挥着作用。

（一）选择合适的平台是转化成果的关键环节

高校、科研院所和企业获取资源的捷径是寻找专业化平台来承载成果转化重任。目前，各类国家重点实验室、工程技术中心、工业（产业）研究所发挥了主力军的作用。武汉大学张俐娜院士的纤维素丝项目在前期转化过程中因为丝的强度不够，与企业合作效果不佳，后来与四川大学高分子材料工程国家重点实验室开展合作，丝的强度提高了一倍，满足了产业化的基本需求，也成功地与实力雄厚的四川丝丽雅旗下企业牵手。这类平台资源丰富，但大多数为事业单位，在社会上宣传较少，同时还承担很多基础研究工作，要实现与成果的精准对接是需要下一番功夫的。

对于选择平台，笔者建议：一是做好前期调研工作。平台资源往往有所侧重，尤其是国家重点实验室、工程技术中心等内部还有不同的研究方向，要比较熟悉才能找到最适合的团队和技术。比如中国科学院武汉分院育成中心，就是中科院体系从事院地合作的服务机构，能帮助企业与中科院系统的100多家院所合作提供前期对接服务，搭建了很好的成果转化的合作渠道，让企业能更方便地找到可合作的团队。二是互为资源，实现双赢。因为研究方向和目标的一致，企业、高校、科研院所、平台可以发挥各自的优势，在合作中互为资源，实现双赢、多赢，使合作更加顺畅。如武钢研究院与黄冈合作成立钢结构工程技术研究中心，不但提高了企业的核心竞争力，研究院也在新技术、新工艺的研发方面找到了实践基地。三是相互尊重各自领域的专业化能力。选择合作，就是选择专注自己的核心业务，就是选择尊重合作方的专业化能力，分工越细化，产业越成熟，这是发展趋势，所以，企业不要动辄提做大做强、全产业链整合，如能实现企业的小而美、精而专，成为细分行业的“隐形冠军”，对成果转化和经济的高质量发展也有十分重要的意义。美、日、欧就是有一批这样的不起眼的企业，控制着很多产业发展的命脉和关键核心技术。

（二）学会与中介机构建立长期稳定的合作关系

近年来，社会服务越来越活跃，企业也借此将一些不擅长的事务转移出去，以便将主要精力和资源放在主要业务上，实现更好更快的发展。相比聘请专门的管理人员，服务外包更经济，而且可以获得专业性比较强的服务。成果转化效率与社会化服务的发达程度密不可分。目前，北京、上海、广州、深圳成果转化活跃，除了企业基础好之外，社会化服务水平比其他城市高也是一个重要因素。

关于与中介服务机构合作，笔者建议：一是中介机构要提供综合性的服务。笔者了解到，很多中介服务机构都是从帮助企业申报高新技术企业认证入手，进一步为企业提供政策解读、信息推送、项目申报、金融对接等多种服务，建立了长期合作关系，通过细致、全面、复合性的服务，帮助企业找准方向、借好平台、架好桥梁，让企业与政府、市场沟通过程更加顺畅，少走弯路。二是形成相对稳定的合作关系。与很多企业聘请常年法律顾问一样，一个合作时间长、值得信赖的中介服务团队能节省双方的磨合成本，他们会更熟悉企业的发展状况、了解企业的需求，主动匹配人才、信息、资源，甚至从第三方角度为企业决策提供咨询，服务更为精准。三是要用法律的、经济的条约来维护。中介服务市场尚不十分成熟，规范的、有品牌的机构十分稀缺，机构发展良莠不齐，同质化恶性竞争也影响着中介机构的正常发展。因此合作时要注意签署规范的条约，用法律的、经济的手段来相互约束，保证各方利益，从而更好地形成稳定的合作。

（三）提升成果转化服务的沟通质量

服务行业十分注重与顾客沟通的艺术和技巧。而成果转化服务对此的要求更高，因为其涉及的不是单一的服务，而是多种服务共生的系统性服务，个性化程度高，没有标准化的流程、成熟的经验可借鉴，加之时间长、环节多、变化快，目前在国内还没有一支高学历、专业化、同时熟悉技术和市场的复合型职业技术经纪人队伍，这也一直是成果转化工作的一个短板。

对于成果转化服务的沟通，笔者建议：一是加强沟通的频次和深度。很多机构通过定期或不定期的、小型化、专业化的对接活动及主题沙龙，将可能产生合作的各方组织在一起，围绕某个专业技术，引导有意向的企业和专家进行面对面的深入交流探讨，进而达成一些合作。武汉的激光产业链协会长期坚持举办此类活动，收到了良好的效果。二是利用现代化技术，保持线上线下互动的活跃度。现在微信、QQ 等社交平台也是成果转化沟通的强大工具，有意向的各方建立联系后，可组群，可单聊，对获取有效信息、提高沟通的质量帮助很大。三是努力培养一批专业的技术经纪人做好精准沟通。好的成果和技术，需要专业服务团队的引进、推动、孵化等全方位的服务。武汉有一批工业研究院、技术转移机构正在相关的专业领域强化服务能力，逐渐形成自己的特色。

四、关于产业壮大

所有的成果转化最终的落脚点是商品化和产业化，这也是各方评价成果转化成效的一个关键指标。虽然成果转化工作不可急功近利，要有长远的目标和部署，但如果有一批成果能早日转化为现实生产力，必将增强各方的信心，吸引更多的关注，争取更多的助力，营造成果转化的良好氛围。因此，成果转化工作一开始就要将产业发展作为转化的重要目标。

（一）成果商品化要早日规划

在很多推介和路演活动中，笔者注意到商业计划书的重要性。很多项目的技术很独特，未来很有前景，但对如何商品化、产业化缺乏思考，最后往往是叫好不叫座，投资机构会关注但愿意投入的却不多。

对于成果商业化规划，笔者建议：一是商业计划书要尽早形成。既然商业价值是最终的衡量标准，利益是吸引各方资源走到一起的重要因素，那成果转化的商业化建设就要早思考、早布局，尽早形成切实可行的商业计划书。有了市场化建设的规划，有利于形成对未来的预期，参与各方会建言献策，围绕如何更快更多地实现利益而强化资源匹配。二是用差异化定位凸显创新性。技术的独特性、项目的创新性是未来盈利的关键，需要跳出习惯性思维，找准市场定位，只有用差异化来体现与传统项目的不同，才能在激烈的行业竞争中站稳脚跟。三是技术储备有利于保持商业领先优势。市场的变化往往快于技术的更新，行业竞争的压力要求企业通过强化对市场需求、行业特点、市场门槛、技术壁垒、成本控制等方面的分析，做好早期技术储备，形成系列产品，在较长时间内保持技术的领先和商业优势。

（二）善用资本助力产业发展

现代社会，技术迭代速度加快，许多企业不仅强化了研发投入，也通过入股、并购中小型创新企业的方式，将好的成果和技术进行提前布局。投资机构更是对好的项目和成果趋之若鹜，不断寻找未来能够影响行业、领导产业的优秀企业，在金融资本的助力下，很多创新型企业迅速崛起。学会用好金融资本这一强大力量也是近年来成果转化不断探索的领域。

对于金融资本参与成果转化,笔者建议:一是专业化的资本助力更强。通过近几年的发展,很多投资机构专业化水平在提高,尤其是一些专注于某行业领域的基金公司能力更强,他们不仅仅做资金的投入,同时还能给企业带来相关的人脉关系、商业渠道、上下游配套等资源,甚至输入先进的管理理念,促进企业迅速放大成果转化效应。二是资本市场有利于创新型企业的规范化发展。许多在成果转化初期成立的公司,企业小、人员少,管理随意性比较大。投资机构为了控制风险,会要求企业规范化运营,这对于初创期企业把控发展的方向有很大帮助。三是早期成果转化更需要天使投资关注。早期的成果转化项目有很大的不确定性,失败的风险很大,更需要天使投资人的慧眼和服务,来加速种子期项目的发展,从而获得超值回报。

(三)始终保持核心竞争力

不管是产业还是企业,没有自己的核心技术,就没有核心竞争力,发展必将受外界环境的种种制约,我国很多产业被“卡脖子”也多缘于此。科技成果形成了新产品,形成了新产业,并不意味着就可以高枕无忧,后续为保持成果转化的优势地位,仍需要做大量的工作,不断降低生产成本、进行知识产权的保护、扩大成果的应用范围、创造新的成果等等。

对于保持核心竞争力,笔者建议:一是要保持一定的研发强度。企业要持续地进行研发投入,做好长期的技术储备,保持自己在行业内的领先地位,夯实可持续发展的基础。企业得到投资后,往往投入大量资金去做宣传、铺渠道,看似红火,但很快会因为缺乏核心竞争力黯然退场的案例比比皆是。二是强强联手有利于加快成果的产业化。很多大型企业通过委托研发、投资并购等方式直接将中小创新企业的成果在更大的平台上进行推广运用,如腾讯游戏板块的发展就是利用这一方式。其实这种模式,是符合现代商业发展规律的。有更好的平台、更好的管理,成果能够更快地实现产业化,能共同获得更大的利益,是一种双赢或多赢。三是产业壮大与成果转化形成良性循环。产业的发展是众多成果和技术支撑的结果,更多更新的成果也会在产业更新的要求下被创造、被使用,可以形成良好互动和生态循环,提高整个社会的创新创业速度和效率。

成果转化周期长、环节多,笔者从工作实践出发,选取成果加工、明确需求、服务选择、产业壮大四个方面的十二个实践性问题,阐述了操作层面的体会和感受,供广大成果转化工作者参考,希望对进一步提升成果转化效率有所帮助和启发。

附录 8

不同导向的科技成果转化及其路径选择[①]

赵峰(武汉市科技局)
朱巍(武汉科学技术发展促进中心)

为增强科技成果转化能力,我国相继出台了一系列政策。2015 年修订的《中华人民共和国促进科技成果转化法》,2016 年《实施〈中华人民共和国促进科技成果转化法〉若干规定》,以及《促进科技成果转移转化行动方案》被称为“科技成果转移转化”的三部曲,从制度上为激发科技成果转化活力提供了有力保障,各地也纷纷出台相关配套政策,多方位、多角度探索加快科技成果转化的路径和方法。科技成果转化形式多样,笔者认为有必要对科技成果转化进行系统化研究,对不同导向的科技成果转化有针对性地选择不同的方法和路径,配置不同的资源,更好地明确各方责任,提升成果转化的

① 此文发表在《科技中国》2019 年第 4 期,p23-24。

效率。

从导向的角度，本文将科技成果转化分为两类，即原始创新导向的科技成果转化和满足需求导向的科技成果转化。两类科技成果转化因其来源、目标、特点的不同，所选择的方法和路径有很大区别。

一、两类科技成果转化的特点

原始创新导向的科技成果转化的特点：理论创新性较强，得到了行业内的认可，有权威性的论文或专利，往往是对现有技术的颠覆性创新，实验室结果特征突出，但成果偏早期，还需在中试熟化阶段进行大量投入。

满足需求导向的科技成果转化的特点：能满足企业提出的具体技术需求，通常有较成熟的理论基础和人才团队，或已进行了部分行业应用，仅做少量技术修改或配套即能被企业采纳，成果的市场定价和后期服务可通过谈判和法律性的协议明确。

二、两类科技成果转化的不同意义

原始创新导向的科技成果转化虽然时间长、难度大、风险大，但却更具重大意义，其一旦转化成功，将对产业带来全新的改变。如手机的数字信号全面替代模拟信号技术、微创手术中新结扎材料改变了传统的缝合技术等等；尤其是一些产业核心技术的拥有者，可以在某个领域长期占据主导地位，获取产业链高端的巨大价值，在企业竞争和国家竞争中保持优势。习近平总书记多次强调的“核心技术、关键技术、国之重器必须立足于自身”，就是这一导向的科技成果转化的意义所在。

满足需求导向的成果转化多半由企业提出，数量多，覆盖面广，对提高企业自身的竞争力有很大帮助，很多企业也以“技术发包”或“提供整体解决方案”等形式，来解决存在的技术难题或寻找新的产品方向。如“工业废料的处理和再利用技术”或“成本更低、强度更大的新型合成材料”等等，这些科技成果与企业对接成功并用于生产实践后，能很快让企业核心竞争力上一个新台阶，实现经济效益的快速增长。一个地区这种类型的科技成果转化越多，这个地区的高质量发展基础就越牢固。

三、基于不同导向的差异化路径选择

原始创新导向的科技成果转化往往“只走了一公里”，未知变化和风险较多，早期需要财政资金、创新平台的大力支持,并给予最大程度的容错免责,宜由高校、科研院所或与大型国有企业及非营利性的创新平台合作,以确保在长时间转化过程中的持续支持和产权清晰,为后续的产品化和商业化打下良好基础。原始创新导向的科技成果转化,对当地的经济发展水平和科教实力都有一定的要求。现在部分城市建设国家综合性科学中心、筹建国家实验室,往往就是围绕着原始创新及其科技成果转化进行的。

满足需求导向的科技成果转化的关键在于需求信息的准确传递与识别,往往在企业需求信息采集并发布后,还要请对接的相关技术专家进行实地调研和信息辨析,才能制定出相应的解决方案,企业认可且初试有效后,达成技术交易才算完成了一个科技成果转化的流程。虽然企业大部分需要的是成熟技术,在需求明确之后,70%以上的难题可以得到有效解决,但很多专家团队还会长期为企业提供技术指导服务,陪伴企业共同成长。斯坦福大学的技术转移办公室、德国的史太白技术转移公司等知名机构从事的大部分工作,就是解决企业的技术难题,因此能较快产生经济效益,走上科技成果转化的快车道,形成良性循环和品牌效应。满足需求导向的科技成果转化,应成为省级以下地区的科技创新和产业发展的工作重点。

由于不同导向的科技成果转化的特点、转化意义和选择路径不同，从政府的角度来说，应该如何设计、如何选择不同的支持方式呢？

对于原始创新导向的科技成果转化，政府要做的有：一是要重视重大科学基础设施的建设和应用，注重从更高的政治站位和长远发展的意义上来考量其转化的价值；二是要对理论上有领先意义的成果给予持续的资金支持，不能用一般的财政资金的使用规范和绩效来要求其成本投入和短期收益；三是在某些颠覆性科技成果的推广过程中，为其量身定制某些先行先试的政策，允许其在一定范围内突破旧的规范约束。

对于满足需求导向的科技成果转化，政府要做的有：一是要提供部分技术转移的公益化服务，同时大力培育市场化、专业化的技术转移中介机构，鼓励他们以各种形式参与到科技成果转化的全流程中来；二是要强化科技成果转化和技术交易的法律支持，保障专家和企业对等谈判和依法履约，保障科技成果转化后各方利益能依法兑现，尤其是技术转移机构提供的服务价值能得到充分体现；三是出台相关政策，突出高校、科研院所校企合作项目和科技成果转化项目的价值导向，鼓励社会资本积极投入，加快项目市场化的进度。

科技成果转化的个性化程度较高，这两种导向不能截然分开,也有很多科技成果是介于这两种导向之间的,而这两种导向也是相互交织、相互促进和相互转变的,政府在做具体服务工作时,需要认真分析,才能有所为有所不为,找准自己的角色,抓住重点,精准施策,不断提升科技成果转化的成功率和效率。

附录 9

高校科技成果转化源头供给问题及对策——以武汉为例[①]

赵峰（武汉市科技局/武汉市科技成果转化局）

段君（武汉科技发展促进中心）

科技成果转化是建设科技强国的重要课题。近年来，国家针对科技成果转化不断出台新规定、新政策，体制机制建设不断完善。2017 年武汉在全国首创科技成果转化局，举办了多场声势浩大、成效显著的高校科技成果转化对接活动。在工作中，我们发现高校科技成果转化源头供给存在以下几个问题，如政策落实不到位、收益分配税负过重、考核评价机制导向不合理、成果信息不对称、机构建设缺失、中介服务能力不够等。本文针对以上问题提出对策建议，从源头供给上促进科技成果转化。

① 此文发表在《科技中国》2018 年第 7 期，p42-45。

一、研究背景

近年来，国家连续修订印发了三个关于科技成果转化的重要文件。2015 年修订的《中华人民共和国促进科技成果转化法》，2016 年国务院印发的《实施〈中华人民共和国促进科技成果转化法〉若干规定》，以及国务院办公厅印发的《促进科技成果转移转化行动方案》，被称为科技成果转移转化“三部曲”，形成了科技成果转化的政策体系，从制度上为科技成果转化提供了有力保障，在国家层面弥补了科技成果转化的制度缺失，使体制机制障碍等问题基本得到解决。

习近平总书记在党的十九大上指出，要坚定实施科教兴国、人才强国、创新驱动发展战略；深化科技体制改革，建立以企业为主体、市场为导向、产学研深度融合的技术创新体系，加强对中小企业的支持，促进科技成果转化。习近平总书记在考察湖北武汉时重点强调了自主创新等新发展理念，这为我们推动科技成果转化、加快新旧动能转换指明了方向、提供了根本遵循。

武汉是集聚高等院校、国家级实验室、国家级工程技术研究中心、国家级企业技术中心等丰富科教资源的省会城市。2017 年，武汉市在全国首创“虚拟机构，实体运行”的科技成果转化局，截至 2018 年 5 月，已成功举办 8 场大型高校科技成果对接活动，对接签约项目 347 个，签约金额 392.5 亿元，成果丰硕。此文以武汉为代表研究高校科技成果转化问题也具有一定的代表性。

二、基本概念

科技成果：一般来讲，科技成果是指就某一科学技术问题通过研究活动取得的具有一定学术意义或实用价值的创造性劳动结果，并获得实践检验及社会承认。一般包括基础研究成果、软科学研究成果和应用技术成果。《中华人民共和国促进科技成果转化法》第二条规定：“本法所称科技成果，是指通过科学研究与技术开发所产生的具有实用价值的成果。”《中华人民共和国促进科技成果转化法》所规定的科技成果是应用技术成果。

技术成果：《最高人民法院关于审理技术合同纠纷案件适用法律若干问题的解释》（以下简称《最高法解释》）第一条对“技术成果”给出了定义：“技术成果，是指利用科学技术知识、信息和经验作出的涉及产品、工艺、材料及其改进等的技术方案，包括专利、专利申请、技术秘密、计算机软件、集成电路布图设计、植物新品种等。”

《中华人民共和国促进科技成果转化法》规定的"科技成果"比《最高法解释》规定的"技术成果"更宽泛，主要区别在于前者强调实用价值，后者限于技术方案；前者着眼于转化，强化价值实现，包括实施与转移，后者着眼于转移，主要是权属转移；前者不强调产权属性，后者强调产权属性。

科技成果转化：《中华人民共和国促进科技成果转化法》规定，本法所称科技成果转化，是指为提高生产力水平而对科技成果所进行的后续试验、开发、应用、推广直至形成新技术、新工艺、新材料、新产品，发展新产业等活动（吴寿仁，2016）。

三、武汉高校科技成果转化源头供给问题

在科技成果对接转化等具体实施过程中，许多高校、科研院所、科技企业实质性地推进科技成果转化进度慢、效率低，仍然存在着许多政策瓶颈障碍、体制机制桎梏，以及在实施科技成果使用、处置和收益管理改革创新实践中遇到的困难。现结合武汉地区高校的实际情况以及全市推进科技成果转化对接工程中所遇到的困难，对武汉市高校科技成果转化源头供给存在的问题做如下总结。

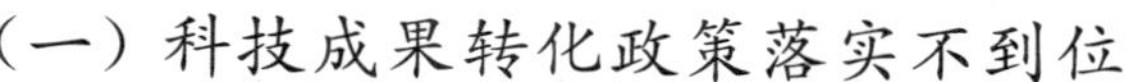

（一）科技成果转化政策落实不到位

成果处置的相关政策在执行层面冲突较多，极大地影响了高校科技成果转化的积极性和效率。修订后的《中华人民共和国促进科技成果转化法》规定，科研院所在成果转化过程中可自主决定转让、许可或者作价投资，通过协议定价、在技术交易市场挂牌交易、拍卖等方式确定价格（《中华人民共和国促进科技成果转化法》第十八条“国家设立的研究开发机构、高等院校对其持有的科技成果，可以自主决定转让、许可或者作价投资，但应当通过协议定价、在技术交易市场挂牌交易、拍卖等方式确定价格。通过协议定价的，应当在本单位公示科技成果名称和拟交易价格”）。但《行政事业单位国有资产管理办法》及 2017 年《财政部关于〈国有资产评估项目备案管理办法〉的补充通知》仍有许多规定对评估和备案提出了要求。（《行政事业单位国有资产管理办法》第二十七条规定“行政事业单位处置资产（包括调拨、转让、报损、报废等），应向主管部门或同级财政、国有资产管理部门报告，并履行审批手续，未经批准不得随意处置。”第二十八条规定“对在规定标准以上的资产转让必须进行评估。”《财政部关于〈国有资产评估项目备案管理办法〉的补充通知》规定“研究开发机构、高等院校的主管部门要结合科技成果转化工作实际,制定科技成果资产评估项目备案工作操作细则,缩短备案流程,简化备案程序,提高备案工作效率”)。在实际操作中,大部分评估结果是参照前期的协议金额得出的,除花了一笔评估费以外没有实际意义,而备案程序不完成,转化工作也无法继续进行,反而成了前进的障碍。例如,武汉大学 2017 年有 30 多个技术转让项目因审批过程太长而夭折,湖北省技术交易所强制性规定所有交易成果必须进行评估,使很多成果纷纷到外地去进行交易。相比之下,中南大学赵中伟教授 1.048 亿元的成果转化项目直接根据协议由学校决定转让价格,真正做到了自主转化(中南大学田红旗校长在学校第四届教代会、工代会第四次会议上的工作报告,2018);2017 年出台的《上海市促进科技成果转化条例》明确提出除涉及国家秘密、国家安全外,不需要审批或备案,则进一步为成果转化松绑(《上海市促进科技成果转化条例》第四条“科技成果完成单位对其持有的科技成果,可以自主决定采用转让、许可或者作价投资等方式实施转化。除涉及国家秘密、国家安全外,不需行政机关审批或者备案。科技成果完成单位对其取得的科技成果转化收入,可以规定或者与科技人员约定奖励和报酬的方式、数额和时限并自主实施,但国家另有规定的除外”)。

成果转化收益分配后的税收负担过重，让激励效应打了折扣。根据《中华人民共和国个人所得税法》，科技成果转化现金奖励属于“工资、薪金所得”，适用超额累进税率，超过 8 万元的适用个人所得税税率为 45%（《中华人民共和国个人所得税法》第三条规定“个人所得税的税率：综合所得，适用百分之三至百分之四十五的超额累进税率。”《中华人民共和国促进科技成果转化法》第四十五条规定“国有企业、事业单位依照本法规定对完成、转化职务科技成果做出重要贡献的人员给予奖励和报酬的支出计入当年本单位工资总额，但不受当年本单位工资总额限制、不纳入本单位工资总额基数”）。如果奖励金额高，按偶然所得税征收个人所得税的税率仅为 20%。例如，一项转让合同金额为 800 万元的项目，依照《中华人民共和国促进科技成果转化法》，科研团队按 70%获取收益，共计 560 万元的高额奖金，然后按 45%收取高额税收，共计 252 万元，这无疑给科研人员“浇了一盆冷水”。而如果按照偶然所得 20%税率征收个人所得税，仅需缴纳 112 万元，比前者少交一大半。这与《中华人民共和国促进科技成果转化法》等法律文件的设计初衷有很大的矛盾。2018 年以来，国家对科技成果转化税收政策提出了更多的指导要求和意见，4 月 18 日国务院总理李克强主持召开国务院常务会议，决定对职务科技成果转化获得的现金奖励实行个人所得税优惠政策。5月29日，财政部、税务总局、科技部联合印发了《关于科技人员取得职务科技成果转化现金奖励有关个人所得税政策的通知》，其中规定：依法批准设立的非营利性研究开发机构和高等学校（以下简称非营利性科研机构和高校）根据《中华人民共和国促进科技成果转化法》规定，从职务科技成果转化收入中给予科技人员的现金奖励，可减按50%计入科技人员当月“工资、薪金所得”，依法缴纳个人所得税。本通知自2018年7月1日起施行。

（二）高校业绩考核评价机制导向不合理

《教育部、科技部关于加强高等学校科技成果转移转化工作的若干意见》中指出：“对科技人员承担横向科研项目与承担政府科技计划项目，在业绩考核中同等对待。”但在现行的管理制度和职称评定制度中，量化考核指标仍偏重于科研人员公开发表文章的质量和数量，尤其是核心期刊论文和论文引用频次等指标，横向项目在绩效考核中往往只能计算纵向项目一半的分值甚至更少。这种导向在很大程度上限制了科研人员从事科技成果转化工作的热情，他们将更多的精力投到争取各级政府部门批准立项并纳入国家财政拨款支持的科研项目以及政府间国际科技合作项目中去，对于研究出来的项目能否进一步转化或与企业合作则不太关心，“重纵向、轻横向”的观念仍很严重。武汉大学每年的横向项目经费有4亿多元，只占总科研经费的1/3左右。

（三）高校科技成果信息不完整、不对称

科技成果转化的信息量较大，表现形式比较复杂，尤其是技术的成熟性、创新性、市场需求和用户使用等方面的信息不完整、信息搜集困难等，其中任何一个方面的信息不完全，都会影响科技成果的顺利转化。高校在对外发布时往往没有进行系统整理，常常是技术描述多，对其应用性和商业化前景的描述缺失。我们在前期的对接工作中，经常要花很大精力去对相关内容进行反复沟通、确认和辅导，才能形成标准化的成果表单。2017年，国家质检总局、国家标准委批准发布《技术转移服务规范》国家标准，然而各高校的成果汇编仍然是五花八门，各自为政，很难为广大企业所接受。同时，许多有意愿进行成果转化和产学研合作的高校教师，对企业需求和市场变化了解十分有限，法律意识淡薄，在合同签订、专利保护、利益谈判、后期服务等方面很难得到

专业性的指导和服务，导致很多合作半途而废。

（四）高校机构建设缺失，中介服务能力不够

大部分高校的科技成果转化服务机构都属于体制内的事业单位，或是依托高校成立的资产经营管理公司，其人员和经费来源于学校和财政，市场化程度低，缺乏为企业服务、提升成果转化质量的足够动力，远远无法满足科研单位同企业全方位信息对接的服务需要。按教育部的要求，各高校要实现技术转移机构建设的全覆盖，但因各校情况不同，技术转移机构的名称和运营方式也各有不同。如依托中国地质大学（武汉）和武汉地质资源环境工业技术研究院成立的中部知光技术转移有限公司，还有武汉理工大学成立的成果转化服务中心，设置专人专岗，由有经验、有资源的教授担任职务，并形成按成果转化效益给予提成奖励的机制，这些都是武汉地区做得比较有特色的机构。同时，高校专业人员的匮乏和专业能力的不足也极大地困扰着成果转化工作，他们提供的服务集中于科技成果的单向供给层面，尚不能完全承担信息沟通的职责，而且服务重心偏向研

究机构，对企业需求回应不够。

四、对策建议

（一）认真贯彻落实《中华人民共和国促进科技成果转化法》

强化科技成果转化法是上位法意识，各高校要依据其来制定各单位的初稿细则，强化执行。真正落实高校成果的自主处置权，通过协议定价、在技术交易市场挂牌交易、拍卖等方式确定价格，通过校级集体决策程序的成果转化，不再需要走评估备案程序。

积极向国家有关部门建言献策，尽快出台细化落地政策。对于规定科技成果转化收益按较低的、固定的税率征收个人所得税，按财政部最新的《关于科技人员取得职务科技成果转化现金奖励有关个人所得税政策的通知》组织实施。另外，个人因成果转化获得股权奖励时，递延至股权转让时缴纳个人所得税。

（二）改革高校业绩考核评价体系

高校要在日常绩效考核和管理以及职称评定时，强化成果转化工作指标设计，在高校考核体系中对横向、纵向项目设置相同的或者相近的记分比例，将科技成果转化设置量化指标纳入考核体系。支持和鼓励专业技术人员挂职、参与项目合作、兼职、离岗创业等。认真落实教育部、人社部支持高校院所成果转化的各项政策（赵亮，2017）。

（三）搭建信息化平台，强化成果信息的对接交流

加快建设公共服务信息平台，实施信息采集和共享制度，解决科研领域和产业领域之间信息不对称的问题。加大校企信息交互，实时向企业推介最新成果信息和实用技术，并通过线上线下的对接和服务活动，采集企业技术需求和技术难题，及时组织相关学校和技术团队攻关，实现有效对接和合作。积极与各类平台合作，强化全方位的信息沟通和配套，引入社会资本，实现科技成果转化从实验室到中试熟化再到市场开发等各个领域的互通。

（四）强化高校技术转移机构建设，全面提升成果转化服务能力

各高校、科研院所要联合社会化、市场化、专业化的

中介服务机构，依靠自身的智力资源优势，单独成立或相互联合建立高水平的科技成果转化技术咨询服务机构，同时应配备一批在不同的技术领域有专长、懂法律、擅长管理和市场运作的专业化、高素质的科技服务队伍（刘朝晖、常思亮、胡洁，2012），负责成果转化管理和服务，并在转化收益中提取一定比例用于其运行发展。支持各类专业技术咨询服务机构的发展，加强技术咨询服务机构的人才建设，提高咨询机构自身的专业水平。

综上所述，科技人员推进科技成果转化的积极性不高，转化动力不够。国有资产的处置规定难以突破、成果价值难以评估、利益分配不公、高校体制机制僵化、信息不对称、机构建设中介服务能力缺失等问题，造成科研人员成果转化积极性不高。只有打破体制束缚，让科研人员提高收益、没有后顾之忧，才能让高校、科研院所和科研人员真正活跃起来。

附录 10

大力培育发展科技中介机构 促进武汉创新驱动战略实施[①]

赵峰(武汉市科技局)

卢敏(武汉科技成果转化服务中心)

摘要:在武汉市第十二次党代会上,市委市政府出台了《中共武汉市委　武汉市人民政府关于实施创新驱动战略加快建设国家创新中心的意见》(武发〔2012〕7号),提出了将武汉建设成为立足中部、面向全国、走向世界,具有广泛影响力和国际竞争力的国家创新中心的远景目标。而要促进武汉创新驱动战略的实施,科技中介机构作为科技成果转化中不可或缺的部分,起着将武汉科教资源优势转化为先进生产力的巨大作用。笔者结合近年来从事技术转移和成果转化工作实践,对科技中介机构的发展现状、功能作用、存在问题等进行了阐述,并给出了相关思考和建议。

---

① 本文发表在《科技创业月刊》2015 年第 5 期,p1-4。

关键词:科技中介;高技术服务业;创新驱动;武汉;成果转化

一、全国、湖北省及武汉市科技中介机构发展现状

科技中介机构是指面向社会开展技术扩散、成果转化、科技评估、创新资源配置、创新决策和管理咨询等专业化服务的机构,属于知识密集型服务业,是国家创新体系的重要组成部分。我们通常按功能将其分成三大类:一是直接参与服务对象技术创新过程的机构;二是主要利用技术、管理和市场等方面的知识为创新主体提供咨询服务的机构;三是主要为科技资源有效流动、合理配置提供服务的机构。这三类中介机构发挥的作用不同,服务的方式也有不同,但很多时候又是互相交叉和联系的。目前,全国认定的国家技术转移示范机构共6批455家,湖北省共20家;省级认定技术转移示范机构14家;武汉市级技术转移示范机构4家,数量比较少。

二、科技中介机构的功能和作用

（一）加快科技成果转化进程

过去企业和高校、科研院所间的单一沟通合作方式，效率不高。有了中介机构的参与，高校、科研院所和企业都可以专注地做自己擅长的事，由中介机构来帮助双方做技术熟化、信息沟通、项目咨询、增值交易、投融资等服务，使过去高校与企业一对一的转化变为一对多、多对多的转化，且专业人做专业事，可以极大地提高成果转化的效率，加快成果转化的进程。

（二）降低企业科研成本、提高科研机构研发针对性

由于长期以来资源配置的不平衡，高校成果与资源闲置而企业无力大量投入科研的现象长期存在，通过中介机构桥梁和纽带作用的发挥，一方面高校、科研院所为满足企业需求会不断提供技术供给和技术服务，从而挖掘出有针对性的新研究项目；另一方面企业也会随着技术进步，不断提出新的研发需求，从而产生贴近市场

需求的新开发项目。同时，通过中介机构的撮合，其共建研发中心、实验培训基地，不断循环提升，实现资源共享，既有利于企业研发成本的降低，也使高校的科研工作更接地气，更有针对性。

（三）发现和培育新的经济增长点

通过科技中介机构的牵线搭桥，校企合作、企企合作、校校合作，除了能在传统技术改进、新技术应用、流程优化、顶层设计等方面发挥作用，还能不断延长产业链、促进产业细分，帮助企业在扩大产能、开发新产品、节约资源、降低成本、再利用、标准化、掌握产业未来发展趋势等方面产生更多项目，从而发现和培育新的经济增长点。

三、武汉科技中介机构存在的问题

（一）信息共享不够，缺乏信息沟通平台

一是政府部门公开共享的有效信息不够，基础性、权威性的信息大多数由政府相关部门掌握，但受传统观念的影响。担心信息传播后会产生不利影响，部门之间

尚且有信息屏障,更不用说将自己的信息资源与市场化的中介机构共享,宁可不做,也不犯错。二是获取有效信息的渠道还不畅通,有些公共信息虽说是公开的、可查询的,但真正用起来,不是障碍很多,就是看不明白,更新也很不及时,使社会中介机构不能平等地获取有效信息。三是信息传播渠道不畅通,尤其是公益性的中介机构,重建设、轻运营维护,没有主动地将信息向市场和社会传播。以湖北省大型科学仪器协作公用网为例,其本意是集聚大型科学仪器信息资源,为区域产学研服务。截至2014年6月,平台入网单位325家、入网实验室648个、入网仪器7235台(其中40万元以上仪器2648台,500万元以上仪器52台)、重点实验室和工程中心174个、入网专家62人,资源存储量非常可观。但在2011年,该平台共享率仅为10%。近年来,通过主动宣传、培训及政策激励,目前这一比例上升至57.2%。

(二)缺乏高素质人才

科技中介服务是一种专业性和创新性强的知识密集型行业,对从业人员的素质要求比较高,要求从业人员不仅要具有技术背景,还要掌握经济、法律、管理等多学科知识。现有科技中介机构普遍存在缺少专业的高素质人才问题,尤其是高端科技中介管理人才和技术人才的严重缺乏,制约和阻碍了运行机制向高端化转化。也有发展得比较好的,比如黑龙江中俄科技合作及产业化中心是经科技部批准成立的国家级对俄合作中心,作为国家级技术转移示范机构,该中心以哈尔滨工业大学科学与工业技术研究院为科技研发主体,以黑龙江省哈工大中俄科学技术合作有限公司为对外科技合作实体,依靠灵活的激励机制,稳定了一支有专业背景、懂俄语、会经营的专业人才队伍,成果转化工作成效十分突出。但我国目前拥有高素质人才的科技中介培训机构还相当缺乏。

(三)中介服务机构散、小、少、弱,综合服务链条未形成

按工商登记经营范围口径初步统计,武汉市科技中介机构不足400家,其中包含孵化器、技术合同登记站等机构,单位人数一般不超过20人,多以项目咨询和为政府提供服务维持运营。同质化的竞争严重,一般只能提供单项服务,相互之间的协作少,无法为企业提供从问题诊断到提供解决方案的全方位服务,也无法提供从内部管理至外部协调的配套支撑。总体来说规模小、机构散、总量少、实际服务能力弱,综合服务链条未形成。

（四）公益性与市场化矛盾突出

公益性机构的主动性不够，服务定位不准，竞争意识和服务意识薄弱，尤其是高校中的技术转移服务中心主动性非常弱，工作比较被动，存在“坐等上门”现象。而市场化机构的发展也存在很多问题：一是个性化服务收费低，国家没有科技服务中介费收取标准的相关政策和规定；二是科技中介机构从企业咨询或是后期投资里获取相应的中介费用较困难。

（五）公信力不足，品牌意识差

一是科技中介机构或者说是科技中介市场公信力不够，尤其是市场化的科技中介机构公信力很差，没有行政动员的情况下，企业主动寻找和委托中介做科技服务的很少；二是科技中介机构品牌意识差，中介机构对于自身的资源优势和服务案例的宣传和总结提升不够，很难稳定一批客户来形成盈利模式，更不用说吸引更多的新客户。

在这方面，国际先进的技术转移组织为我们提供了很好的范例。如德国史太白技术转移中心创立于1971年，是全球著名的技术转移机构，为民办官助的技术转移中介组织，主要负责搜寻最新研发成果，把潜在的、最新的成果提供给企业；围绕特定专业领域和转化需求，建设技术转移网络。目前，该机构已覆盖全球 50 多个国家，构建约 1000 个专业技术转移中心，合约专家约 6000 位，2013 年服务企业收入达 1.45 亿欧元。

再如，欧洲企业服务网络是欧盟为中小企业提供技术创新、经贸支持等服务的标志性机构，由欧洲竞争与创新执行署负责管理。2008 年 2 月，由欧洲信息中心和欧洲创新驿站合并成立欧洲企业服务网络。截至 2014 年 12 月，合作伙伴覆盖全球 54 个国家的各种商会、中介、区域发展机构、研发机构、大学园区、科研中心和创新中心等 600 多家机构。已发布 1.7 万余条信息，为 87 万余家中小企业举办 22000 多场活动，为 2000 余家企业争取到资金资助，解决了 42.5 万个关于欧盟的问题，帮助企业创建了 6000 余家合资企业。

四、武汉科技中介机构中发展较好的典型案例

(1) 武汉点线科技有限公司，是市级技术转移示范机构。其模式特点为购买技术、熟化技术再进行推广应用。优点为专业性强，缺点为人才要求高、领域窄、风险高、投入大。

(2) 武汉欣略科技咨询有限公司是一家高新技术企业。其模式特点为以政策咨询为主,与行政机构联系紧密。优点为服务细化,缺点为竞争激烈、客户资源不稳定、团队人才容易流失。

(3) 武汉科技成果转化服务中心,是国家首批技术转移示范机构、中国创新驿站湖北区域站点、欧洲企业服务网华中中心。其模式特点:通过 7 类活动(区域间技术转移活动、共性关键技术推介活动、科技供需对接洽谈活动、国际技术转移活动、科学会展活动、新技术或新产品观摩培训活动和重难点项目深入对接活动),进行技术转移与成果推广。从 2013 年至 2015 年 5 月,该中心累计发布成果项目 3164 项,技术需求 1601 项;注册企业近 2 万家;平台点击率 33 万次。组织举办各类技术培训推广活动 37 场,近 1700 家单位参加;组织举办大型技术供需对接活动 30 场,促成签约项目 140 项,签约金额 2.4 亿元;科技金融对接服务促成 70 项成果转化融资项目,涉及融资金额 6.18 亿元。优点为集聚资源能力强、公信力强、综合服务能力强;缺点为线下支撑能力不足、推广能力不够、机制不够灵活。

(4) 武汉华中农大资产经营有限公司。其模式特点为:公司以"依托高校优势,发展科技产业,服务经济社会"为宗旨,按照产权清晰、权责分明、校企分开、管理科学的现代企业制度运营。其优点为依托高校、专业性强、技术先进；缺点为与企业联系少，主动性不够，转化率低，对市场和企业需求把握不准。

五、关于武汉市科技中介机构发展的思考与建议

（一）社会各界关心支持，形成共识，营造氛围

一是努力创造有利于科技中介机构发展的市场环境。科技中介机构的繁荣离不开科技企业的发展，中小企业的需求越旺盛，产业发展越细分，市场就越活跃，中介机构发挥的作用就越充分。

二是努力营造有利于科技中介发展的社会氛围。社会各界都要关注科技中介机构的发展，尤其是政府部门，要主动地做好各种科技服务外包的示范引领，让科技中介机构能参与到科技管理的各个环节中来。

三是努力打造有利于科技中介发展的配套体系。尽快出台更多鼓励科技中介机构发展的优惠政策，鼓励人才、资金、信息等资源向科技中介服务机构汇集，鼓励各类中介机构的合作，形成为企业提供全方位服务的综合链条。

(二)搭建公共信息服务平台,推进各类资源公开共享

一是推进政府部门各类科技创新资源公开、共享。对于能够公开共享的科技创新资源,一定要充分向社会公开,并让中介机构较容易获取,尤其是对财政资金投入的仪器设备、沉淀在高校的各类专利成果、利用率不高的服务平台,要引导中介机构参与到长期的运营维护中来。

二是加大公共信息服务平台的宣传、推介力度。对于现在已经拥有一定资源的公共服务平台,如各高校的技术转移平台、创新驿站、专业生产力促进中心、工研院、咨询评估中心与服务信誉较好的私营中介机构,甚至国外的科技中介机构,都要大力宣传推介,以提高这些平台的活跃度和利用率。

三是提高平台的信息集成、筛选、加工能力。现在各类平台的信息资源来源不一,良莠不齐,让企业在海量信息中去搜索、分析是不现实的,因此政府部门要鼓励信息适度集成,由专业人士对信息进行分层、分类筛选并加工后再进行传播和推送,让企业能得到较准确的有效信息。

（三）让高素质人才从事科技中介工作，建立投入与鼓励机制，以结果为导向，吸引科技人才广泛参与

一是政府部门应在提高服务意识、服务职能、服务能力上下功夫。要集中有奉献精神、对市场敏锐、有专业能力的人从事科技中介服务，不断对服务模式、过程、标准提出更高要求，让每个企业都能得到更个性化、专业化的科技服务。

二是高校院所应以结果为导向，鼓励和引进有经验的科技人员从事中介服务。高校和科研院所的科技工作者从事中介服务具有得天独厚的优势，其对企业的科技服务更准确，提出的解决方案更有针对性，如果以转化成果和提供科技服务的数量和价值作为其成效的考核评判依据，会使更多高素质人才投身到科技中介工作中来。

三是科技型企业应鼓励企业技术人员开展技术转移市场化服务，这样有利于企业把握产业发展趋势，始终站在技术发展的前端，同时也有利于产业链的延长和拓展，促进产业集聚发展。市场化的科技中介机构要抓住武汉市经济快速发展的时机，培育一批专业人才，规范技术经纪人的行为，形成科技中介队伍。

（四）以公益性服务为引导，整合集成，打造综合性服务链条

在市场化的科技中介机构不发达的情况下，我们主张以公益性机构为主，以公益性服务为引导，搭建武汉地区“1＋1＋N”技术转移服务体系，积极探索区域技术转移服务新模式，面向企业提供全过程化服务。其中，第一个“1”表示由市政府科技部门牵头，第二个“1”表示1家政府综合科技服务机构（武汉科技成果转化服务中心），“N”表示N家科技中介服务联盟（应用研发、技术转移、创业孵化、创业投资等）体系。这样做有利于调动各方资源，集成权威信息，强化综合服务的公信力和品牌。

（五）加大对公共服务平台的建设投入，发挥对科技成果转化的关键支撑作用

一是要加大对公共服务平台的建设补贴。要随着经济发展和企业的需求不断加大公共服务平台的建设力度和覆盖面，既要建设综合的科技服务平台，还要建设一批专业的、能满足企业更多个性化需求的服务平台。

二是要增设公共服务平台持续运营补贴。活跃、有

效、稳定的服务，是需要长期、持续的运营来维护和加强的，以满足服务对象不断增长的新的需求；对于公益性服务平台，政府要做好长期投入的预算，市场化的平台则要明确盈利模式，计算资金平衡节点。

三是要开展单个对接成功项目的服务奖励。为鼓励更广泛地参与科技中介服务，对于那些促进了单个对接成功的项目的服务也应给予一定奖励，使其更具有群众性、导向性。

（六）加强信息化手段的利用

信息化技术的发展给科技中介服务提供了强大的物质基础，应更多地使用上网搜索等信息化手段，以加快信息的集聚；通过短信、微信、QQ群等方式推送、扩散信息；通过标准化模板和对关键字的设置提高信息的梳理、加工能力；通过视频会议、网上展会丰富中介服务形式，活跃对接方式，提高对接效率。

综上所述，武汉的科教资源优势，通过中介服务能够得到更好更充分的转化应用，同时能够培育一批站在价值链高端的中小企业，对武汉高校科研能力建设也能发挥出积极作用，并能够进一步带动其他更多的衍生服务业，如科技会展、科技咨询、技术交易、科技金融及科普游等科技服务业，使科技服务业成为武汉整个服务业发展的特色和亮点，让武汉真正成为高端创新要素聚集中心，促进武汉市创新驱动战略的实施。

参考文献

[1] 夏东平. 对科技中介机构的再研究[J]. 杭州科技，2012(6).

[2] 高丽娜，高淑洁. 科技中介机构的科技成果转化功能探讨[J]. 改革与战略，2012，28(5).

[3] 王爽. 对当前科技中介机构发展现状的思考和建议[J]. 杭州科技，2012(6).

[4] 陈洋，周绿林，李文元. 浙江省科技中介机构服务创新制约因素及对策研究[J]. 科技管理研究，2014，34(11).

附录 11

走出认识误区　促进成果转化——浅谈科技成果转化中的几个误区[①]

赵峰（武汉市科技局）

现阶段公益性服务仍是促进成果转化的主要方式，要加大对公益性服务机构的投入，重视对从事成果转化工作的人才和团队的培养，强调综合素质的提高和公益心的培养，着眼于市场需求的宏观利益驱动，实现成果转化的良性循环。

科学技术是第一生产力，按照我国经济转型发展的要求，社会对于科技成果转化为生产力越来越重视，相关部门都在努力探索适应中国发展特色的成果转化之路，但任何工作和活动都有其自身规律，笔者近年来从事成果转化服务工作，深深感到全社会对此项工作的期望值很高，但同时也存在许多认识误区，给具体工作造

---

① 此文发表在《高科技与产业化》2014 年第 9 期，p28-32。

成很多困扰，因此，只有澄清一些认识上的误区，才有利于成果转化工作更好地开展。

一、对科技成果概念的认识误区

科技成果转化，是指为提高生产力水平而对科学研究与技术开发所产生的具有实用价值的科技成果所进行的后续试验、开发、应用、推广直至形成新技术、新产品、新工艺、新材料，发展新产业等活动。这是对于科技成果转化比较准确的定义，但在工作实践中，由于所处环境和所从事职业的不同，对成果这个概念的认识存在很大差异，对科技成果认识不统一。

在新的时期，科技成果包含科学成果和技术成果两部分，且不包含软科学成果。一种错误的认识是将所有的成果混为一谈，如将一般性的论文、基础研究成果、软科学成果等也算在科技成果范围内，进而认为我国科技成果转化率低，从而否定科研工作近年来取得的巨大进步；另一种是将成果严格地定义在法定部门认可的范围内，认为没有鉴定证书、专利证书，就不是自己的服务范围，可作为的空间不大。实际上，从事成果转化工作，要将工作范围定位在能产生实用价值的科技成果上，而不拘泥于成果的表现形式，这要求我们有极强的辨识能力，对每项成果要有比较深入的了解。而全社会对科技成果的认识若能相对集中，就有利于形成合力，推动成果转化工作。

（一）对高校成果的期望值过高

高校和科研院所无疑是成果相对集中的富矿区，但在现行的体制下，科研机构独立于企业之外，长期以来形成了科技与经济相分离的局面，导致相对成熟、可迅速转化为生产力的成果比例很低。虽然现在鼓励高校师生创办企业，校企合作也越来越深入，但在其中能产生革命性意义，对行业和产业能产生巨大推动力的成果还是少之又少。相反，在一些企业中，源于实践的发明创新创造了巨大价值，却少了很多关注，如武钢职工的一个齿轮自动润滑装置一年能为企业节约几十万元的费用，而武汉全部的企业发明专利申请量尚不如深圳华为公司一家的量，如果能够将广大企业的创新研发的积极性充分调动起来，所产生的效益同样是巨大的。

（二）忽视对成果的解读和梳理

政府、高校、中介机构每年不断地在进行成果的发布和推介，但对于广大的市场主体来说，仍然是一种被动接收的、专业性很强的、描述比较简略的、离生产实践比较远的信息,接受度并不高,这也是造成成果转化效率低的原因之一。如果对成果的解读再深入一点,如果对于其适用范围、投入产出效益、可能会产生的问题、相配套的管理等有更详细的分析和说明,就会为下一步的沟通创造更多的机会。另外,在成果发布网站和成果汇编中都存在内容包罗万象、分类较为简单的问题,让企业在如此纷繁的信息中大海捞针一样去寻找所需要的成果,是不切实际的,这一部分的基础服务,也是成果转化工作取得成效的关键。

二、对成果转化过程的认识误区

成果转化、技术转移、技术交易等工作从开始到成功,有一个漫长的过程,经常会出现双方都很感兴趣的项目很难进行下去的情况,这时候,要不要继续推动、障碍在哪个环节、谁来负责等问题会接踵而至,各方面的认识也各不相同,其中有些误区会给具体工作造成很大压力。

(一)将转化过程等同于简单的商品交换

很多人在看待成果转化和技术交易时,都会注意到它的可交换性,所以会将其等同于商品来对待,提出很多商品经营的方法来促进成果转化，这有一定的道理，但在实践过程中，将其作为一般商品来对待，将转化过程等同于简单的商品买卖，是不科学的。成果和技术都不是单纯的商品，其落地发展受到技术成熟度、市场接受度、配套环境、工艺设备、成本利润等多方面的影响，需要双方不断地沟通磨合。可以说，成果和技术是边使用边修改、边修改边使用的充满变动性的商品，和一般有形、可见、稳定的商品有很大不同，如果我们的工作也流于简单化，就无法从根本上提高成果转化率。

（二）将成果评价等同于商品定价

一项科技成果到底能产生多大经济效益和社会价值，是难以预测的，而谁来评判、评判是否准确又是影响成果转化十分重要的环节。国外通行的做法是政府出钱，请第三方进行评价，组织比较严格、规范、成熟。国内的第三方评价不够成熟，以同行评价为主，以定性评价为主，与市场对成果评价的要求还有很大差距。很多政府部门希望有专业的机构能像对其他商品定价一样，一次性将成果的价格明确下来，这在目前的环境下更加难以操作，因为即使是同样的成果，在不同的时间、不同的市场、运用到不同的企业都可能产生不一样的价值，所以，成果评价目前仍是成果转化的一个重要瓶颈。

（三）将成果转化平台等同于一般的政府网站

信息化技术的迅速发展加快了成果转化的速度，许多政府部门也加大了投入，搭建成果转化的信息化平台，希望在大规模转化方面取得进一步的良好效果。但我们看到，绝大部分政府性质的公益性平台活跃度低、服务的能力和效果比较差，有着一般的政府网站的通病。究其原因，是线下支撑服务不够，单纯的信息发布是无法满足成果转化长线和全方位的沟通要求的，大量的面对面交流、实地的沟通是保持平台活跃度的基础。同时，宣传不够，缺乏长期的运营保障和维护，使得这些平台的服务覆盖面偏小，影响力、公信力、品牌效应较弱，没有真正起到促进成果大规模转化的效果。

三、对成果转化中人才与政策的认识误区

成果转化周期长，环节多，涉及的人和利益更复杂。各部门从不同角度对成果转化效益的明确化、人才的培养、政策保障等进行了有益的探索和尝试，营造了很好的助推成果转化工作的氛围，但在实际操作过程中，仍有考虑不足、认识不清的问题，没有形成共同促进成果

转化的合力，难以取得实质性的突破。

（一）认为中介服务机构能获取足够的利益

成果如能成功转化，就能形成巨大的效益，并带动一系列的产业服务需求，因此，很多人就会认为，参与转化过程的机构和个人是能够获得部分利益并以此支撑转化服务的长期运营和发展。但事实上，在供需双方对接后期，双方的深入沟通和谈判基本不需要第三方的参与，因为双方的沟通全部通过第三方来进行，将会增加交流成本，降低成功率。通常市场化的中介机构是通过后期的咨询、法律、财务等增值服务和投资服务来获取利益，这些机构只是将成果转化服务作为获取企业信息和信任的方法之一，其工作重点并不在成果转化本身，公益性的成果转化机构在保障供需双方的对接效率和成功率方面仍发挥着主力军的作用。

（二）认为技术经纪人是需要考核的个体

谈到成果转化，支持技术经纪人队伍的建设是各方都有共识的，但具体到如何培养、挖掘、使用、管理、保障等细节，却又有很多分歧，比较多的想法是将其等同于律师或会计之类的人才来进行专业化培养。但在实际工作中，一方面同时了解市场需求和关键技术的人才十分稀缺，而此类人才多半会通过创办企业来体现自身的价值；另一方面我国的市场经济还不够成熟，从事成果转化这类结果不确定的中介服务的个人即使获得了技术经纪人的资格证，仍然会有公信力不足、综合素质不全面、掌握的政策和信息不对称等情况，这些难以通过培训和管理来达到市场的要求，因此也无法保障他们的基本利益。有公信力的机构和团队往往可以通过内部的沟通来弥补个体不足的问题，这也是与其他性质的事务所不同的地方。

（三）认为收益驱动是政策保障的关键

近年来，各地出台了许多促进成果转化的政策，其中，明确成果收益的分配机制是重头戏，它激发了高校、科研院所成果拥有者快速转化的热情，解决了转化过程中的利益纠结不清的问题。但成果转化的障碍不仅在于利益不协调的问题，更多的是信息不对称、资源难共享及服务不配套的问题。在具体的工作中，给成果找企业比给企业找成果的难度要大得多，换言之，以企业需求为导向的成果转化成功率更高。因此，激发企业主动寻求科技支撑、重视新产品开发和新技术运用的政策更为重要，保障信息的互通、资源共享和配套服务等政策也要进一步细化和明确。

四、对策

对于成果概念认识的误区，笔者认为，要引导社会更多关注能产生实用价值的成果，更多关注企业的成果。从事转化工作的人员要踏踏实实地做好对成果的梳理、解读、挖掘等基础工作，通过主动推送，让企业能得到更有针对性的成果信息和技术服务；同时，将企业的技术需求不断传递给高校、科研院所，鼓励校企对接，真正解决企业的技术问题，缩短成果与应用方的距离，以企业需求为导向来突出市场配置资源的作用。

对于成果转化过程的认识误区，笔者认为，要对成果转化的时间长、过程复杂、转化率低有清醒而正确的认识。在操作过程中，既不追求一蹴而就，也不能听之任之，要主动加强供需双方的沟通，在出现障碍的环节提供更细致的服务和帮助，推动成果一步步向转化为现实生产力的方向进行，每跨越一个节点，成果本身的价值也会得到新的提升；在对成果评价方面，要在资源共享和信息对称的基础上，鼓励以企业为主体的市场化的成果评价机制，减少政府定价和专家评价，如厦门的科易网利用评价软件，可使供需双方进行先期的自我测评，得到一个比较接近的谈判价，为下一步的成果转化奠定了良好的基础，这就是一种市场化定价的有益尝试；公益性的成果转化网站也要学习运用商业化的手段来提高中介与平台的活跃度，增加公信力和品牌号召力，不断集聚成果资源和企业资源，将线上互动与线下对接有机地结合起来，促进成果的快速流动和转化。

对于成果转化中其他方面的问题，笔者认为，现阶段公益性服务仍是促进成果转化的主要方式，要加大对公益性服务机构的投入，强化如企业需求的整理、信息的集聚和推送、初期对接和资源共享补贴等基础性服务，咨询服务和投资服务等增值服务可由商业化的服务机构提供，共同提高成果转化的服务品质；重视对从事成果转化工作的人才和团队的培养，更强调综合素质的提高和公益心的培养，强化内部的沟通及分工协作，提高团队服务的效率，不断拓展服务范围，吸引更多的服务机构参与其中；要着眼于市场需求的宏观利益驱动，而不仅仅关注成果转化本身的利益分配，统筹考虑成果转化过程中每个环节的政策保障与落实，将市场运用新成果的积极性调动起来，才能实现成果转化的良性循环。

纠正错误认识，才能将有限的资源更好地、更有效率地运用到成果转化工作中去，促进科技成果快速地转化为现实生产力。

附录 12

强化综合集成和信息推送促进武汉科技成果转化[①]

赵峰(武汉市科技局)
李卿(武汉市科学技术交流中心)
胡华涛(武汉市科学技术交流中心)

摘要:从武汉科技成果转化现状入手,分析区域科技成果转化存在的问题,提出优化区域科技成果转化的措施:强化创新资源的共享与集成、强化信息的定向推送与互动、强化中介平台的利用效率等。

关键词:科技成果;转化;综合集成;信息推送

党的十八大将创新驱动发展战略摆到了国家发展全局的核心位置,武汉"十二五"发展规划也将科技进步和创新驱动确定为加快转变经济发展方式的重要支撑。如何立足于武汉科教优势资源,贯彻落实党的十八大报

① 此文发表于《科技创业月刊》2014 年第 4 期,p1-4。

告中提出的“促进创新资源高效配置和综合集成，把全社会智慧和力量凝聚到创新发展上来”这一具体的要求，结合笔者近年来在科技部门从事成果转化工作的实践，浅谈如下观点。

一、武汉科技成果转化现状

武汉的科教资源仅次于北京、上海，但这种优势尚未很好地转化成区域经济优势和市场优势。表 1、表 2 分别给出近三年部分副省级城市技术合同成交情况和武汉技术领域分类情况。

表 1　近三年部分副省级城市技术合同成交情况

地区	技术合同交易数/项			技术合同交易额/亿元			技术合同平均交易额/(万元/项)		
	2010年	2011年	2012年	2010年	2011年	2012年	2010年	2011年	2012年
武汉	6391	6822	10239	89.34	113.9	132.4	139.8	166.9	129.3
南京	10533	15324	19680	76.89	120.3	145.38	72.9	78.5	73.9
成都	7098	8450	9739	44.06	57.4	96.35	62.1	67.9	98.9
沈阳	7453	8303	7290	73.90	86.4	120.67	99.2	104.1	165.5
西安	9320	10783	16793	98.33	204.5	300.22	105.5	189.7	178.8
杭州	10232	10837	10599	42.0	51.5	58.41	41.0	47.5	55.1

表2　武汉技术领域分类情况

技术领域分类	合同数/项			成交额/亿元		
	2010年	2011年	2012年	2010年	2011年	2012年
电子信息技术	1272	1772	2926	13.2	13.9	32.5
航空航天技术	14	31	34	0.10	0.18	0.13
先进制造技术	152	292	581	14.7	7.1	30.2
生物、医药和医疗器械技术	302	307	746	4.4	7.3	6.0
新材料及其应用	270	475	601	5.3	5.9	3.0
新能源与高效节能	1191	858	755	11.7	22.8	22.5
环境保护与资源综合利用技术	483	473	1243	13.0	12.5	8.8
核应用技术	233	167	321	4.6	3.1	5.0
农业技术	230	139	587	8.4	5.3	8.8
现代交通	415	291	686	6.0	19.9	33.2
城市建设与社会发展	1507	1588	1554	7.4	9.4	19.6

指标比较分析：与南京、成都、沈阳、西安和杭州相比，武汉的技术合同交易数相对较少，技术合同交易额

排在西安、南京之后(2012 年),而技术合同平均交易额并不低。由此看来,武汉的技术项目科技含量还是比较高的。而与武汉相比,西安正是由于充分发挥其军工优势,大力推进军民两用技术的双向转化和产业化,才提升了项目的市场竞争力,有效促进了技术市场的发展。因此,武汉应进一步鼓励技术项目能量的释放,发展优势产业。

指标比较分析:现代交通、电子信息技术、先进制造技术和新能源与高效节能等技术领域成交额排名靠前(2012 年);电子信息技术、城市建设与社会发展和环境保护与资源综合利用技术等技术领域合同数较多(2012 年)。总体来看,这与武汉的科学技术领域的优势是相匹配的,并在产业转型过程中逐渐显现出来。

另外,根据武汉市 2011 年和 2012 年技术市场的统计数据(见表 3),流向本市的技术项目分别有 3335 项和 4080 项,占比分别为 52.7%和 41.0%;成交额分别为 41.18 亿元和 75.70 亿元,占比分别为 38.9%和 45.3%。但仍有近半数项目流入外省市,以北京市、广东省、江苏省、浙江省和上海市居多,说明武汉市场对技术的吸纳能力还不够,造成技术项目向经济活跃的地区流动,阻碍了本地区的科技成果转化。

表3　近两年部分省(市)技术流向地域统计

买方地区	2011年		买方地区	2012年	
	合同数/项	成交额/亿元		合同数/项	成交额/亿元
北京市	422	5.64	北京市	1804	28.66
广东省	416	19.42	广东省	623	11.32
江苏省	214	3.32	江苏省	381	6.00
浙江省	188	2.99	浙江省	227	1.53
上海市	147	1.11	上海市	253	1.77
天津市	35	5.29	山东省	148	8.22
河南省	101	2.68	内蒙古自治区	21	2.64
武汉市	3335	41.18	武汉市	4080	75.70
小计	6333	105.9	小计	9954	167.12
武汉市占全国的比例	52.7%	38.9%	武汉市占全国的比例	41.0%	45.3%

二、武汉创新资源优势不优的问题

武汉的科技存量与科技成果转化为现实生产力存在错位现象，科教优势与产业发展不对称。笔者认为，造成这种现象的主要因素有以下三个方面。

（一）科教资源的分割与浪费

（1）研究与使用分割。一方面，高等院校可直接转化的科技成果不多。武汉科研成果总体数量大，但应用型成果比例小，可直接转化的成果更少，有效的创新资源其实是匮乏的。2011 年和 2012 年武汉地区分别发表论文 62832 篇和 60995 篇，但科技成果登记仅 262 项和 379 项，发明专利授权量为 2585 项和 3233 项，技术转让成交额为 5.72 亿元和 44.50 亿元，技术合同交易额排名位于北京、上海、西安、天津等城市之后。另一方面，科技研究与市场需求脱节。大多数科研机构特别是高校传统的管理体制使科研方向不明晰，市场针对性不强，重复多，实效性差。同时，科研成果的评价与职称晋升挂钩，更使得科研人员在研究中只追求本部门认可，而不关心成果是否能真正得到转化。因此，低质、重复、缺乏创新性的项目大量存在，沉积率极高。如武汉有一所高校沉积的专利已经超过 2000 项，造成了资源的巨大浪费。

（2）研究与研究分割。武汉拥有高等院校 80 余所，研究与技术开发机构也有 100 多家。然而在技术项目投入与分配上存在分割现象，项目产出效益不明显。

究其原因，一方面，项目来源渠道未整合，各领域项目通过国家、省、市等渠道，存在项目的重复申报与研究；另一方面，研究单位未整合，高等院校、科研机构之间存在学科专业设置和研究领域交叉，如数控机床技术，华中科技大学、武汉大学、湖北工业大学等多所高校都在研究。同一技术的重复研究，容易导致各研究单位不能形成各自的优势领域，不利于技术资源的有效集成和利用。

(3) 使用与使用分割。企业作为技术成果的使用者，对推动成果转化和产业发展起到关键作用，企业的需求对于技术研究具有很强的导向性。一方面，武汉的企业缺乏开放和合作意识，只专注于发展本企业的自有产业，没有从整个产业链发展角度来把握商机。如武汉一家生物工程公司的农用微生物菌剂技术在广东、湖南、江西、安徽、重庆、江苏等 20 个省份得到了广泛应用，相关市场人员却不了解武汉本地种养殖企业信息，无法介入武汉地区的农作物废弃物的无害化处理，阻碍了技术的有效应用。另一方面，武汉市民营经济发展速度慢，在 15 个副省级城市中排在第 10 位，规模以上企业只有广州的 42%、杭州的 84%、成都的 68%(2014 年数据)。进入全国民营企业 500 强的企业只有 11 家，而且排名靠后。而在武汉处于优势地位的大型国有企业一般拥有独立而庞大的研发机构，具有垄断意识和心态，并且热衷于做全链条，很难与相关科技型中小企业共享科研成果，制约了重点产业集群式发展。

（二）信息资源与企业的互动性差

现实中，技术转移的供需双方缺乏有效的互动与交流。有些科研机构，不少好的科技成果难以“嫁入”合适的企业，往往凭教授的个人了解选择合作企业，或者组织小团队自行开发，难以实现量产和规模化；有些企业渴望用科技进步来优化和带动自己的产业升级，自身投入的研发力量不够，却又苦于找不到科研机构做支撑。信息资源与企业互动性差导致了科技成果不能就地转化。一旦打通了供需双方的信息渠道，促使双方都能深入了解对方情况，实现双向竞争性选择，就能有效促进成果转化的落地。以武汉科技成果转化服务中心与浙江省新昌县科技局举办的“浙江新昌·武汉纺织大学科技对接会”为例，会前新昌县科技局携多家企业的明确需求来汉调研，而转化服务中心通过多次发布、交流与沟通，在武汉高校、科研院所寻找专家，组织企业家、专家进行网上和实地的前期对接，并针对当地产业优势，组织武汉纺织大学 4 个学院、18 名教授携项目赴新昌，与 30 多家纺织机械企业对接，通过实地参观企业工厂和深入洽谈互动，在较短的时间内成功签约 3 个项目。值得一提的是，新昌县科技局对企业的了解非常具体，并承担了专家、企业在互动交流过程中的所有费用，搭建了一个有效的平台。

市场和社会需要什么样的创新资源？武汉能提供哪些有效资源？企业如何去获取这些资源，供给、需求、中介这些环节中存在大量的信息不对称。例如，企业作为经济建设的主体，对科技的依赖决定了企业对检验、测试的仪器设备的需求日益增加，需要花大量资金去购置。而国家投入大量资金购买的大型科学仪器多集中在高校实验室，且大部分时间处于闲置状态。

根据湖北省大型科学仪器共享平台上的统计，截至 2012 年 12 月，武汉地区现有大型科学仪器数量 2116 台，40 万元以上的 1466 台，入网单位 334 家，重点实验室及工程中心 168 家，专家 252 人。虽然科技部门在努力提倡共享，并建设了相关网站，但由于具体操作中对企业了解不够，2011 年仪器平均对外共享率仅约 17%。共享资源，能够大大降低企业的运行成本，提升市场竞争力。如一些经济发达城市虽然缺乏科教资源，但他们善于利用全国的优质资源，现在很多企业直接将研发中心设在了武汉的高校里，而高校现在也纷纷在沿海城市甚至一些县市设立分校，这是创新资源的一种自然流动。武汉的企业如果再不强化利用信息资源互动对接，“墙里开花墙外香”的情况将继续出现。

（三）中介平台无价值意识，缺乏品牌吸引力

武汉市现有各类科技中介机构1700多家，其中，公益性政府中介机构，如各级技术市场管理部门、高校、科研院所的技术转移中心等“官方中介”机构占大多数，由于管理分割，工作趋同，服务内容简单，没有形成一个技术中介行业中的“新浪”和“淘宝”品牌平台，技术供方不知道该把技术放在哪个市场平台，而急需技术的企业在庞杂的中介信息中难以筛选出合适的内容，这既制约了科技中介服务业的发展，也难以为企业提供全方位综合配套服务。

信息化手段能促进创新资源快速流动，强化公益性公共服务平台的功能能有效提高成果转化率，如科技部门的“武汉科技供需对接平台”“武汉城市圈技术交易服务平台”“农村科技示范推广和信息化服务平台”等通过整合发布技术项目和技术需求，组织政策咨询、成果推广、项目推介、技术洽谈等活动，为企业和高校、科研机构之间搭建了技术转移和合作的桥梁，在一定程度上促

进了成果转化。但由于创新资源综合集成度低，未能将武汉及周边地区的优质企业资源和技术成果资源全部纳入其中，导致服务的针对性、有效性不足。同时，由于单纯集中于技术的对接，没有与商贸经济服务结合深度开发，尚未形成权威性品牌，无法吸引企业和更多的创新资源在此平台上进行交换、对接，尤其是平台线下的服务，如中试、项目支持、金融法律服务跟进困难，利益关系不好明晰，降低了平台的利用效率。

欧盟在科技中介平台的建设是一个很好的借鉴。我们看到，欧洲企业服务网是一个在世界范围内具有品牌吸引力的综合性平台，由欧洲竞争与创新执行署负责管理，政府投入补贴大。合作伙伴覆盖全球 54 个国家的各种商会、中介、区域发展机构、研发机构、大学园区、科研中心和创新中心等 600 多家机构。集成的信息资源十分丰富，涵盖工业、农业、服务业等多业态的技术、商业、贸易等方面的多类信息，每年发布约 16 个大类（按行业领域划分）、4000 余条技术供需信息，形成了市场接洽、技术需求识别、寻找技术合作伙伴、创新融资、知识产权保护等科技咨询服务、合作协商谈判支持和后续跟踪评估工作模式，有效地融合了技术转移服务和商贸服务，其成果转化率远高于我们国内的各种平台。

我们曾精选欧洲企业服务网的信息 200 条次，在一个月内有针对性地推送至相关企业和机构，得到了多家单位的积极反馈，反馈率约10%，较以前单纯的网站发布信息效果大大提升。

通过上述分析，我们可以得到如下的结论：①武汉科教资源未转化成适合企业需求的有效供给；②以需求为导向的成果转化更易成功；③资源的综合集成和市场化运作模式有利于提高中介平台的利用效率。

三、成果转化工作的建议和措施

（一）强化创新资源的共享与集成

（1）以需求为导向，促进成果应用。努力调动高校、科研院所和企业的科研力量，促进各部门间的融合，从而使基础研究、应用研究、开发研究形成一个完整链条。加强调研，从源头抓起，引导高等院校和研发机构主动向市场、企业靠拢，并统筹研究方向，进行有针对性、实效性的综合研究，避免国家投入的巨大浪费。鼓励院校与企业联合开发应用成果，加快创新资源产业化的进程。对于长期沉淀的技术和成果，还应采取一些行政手段帮助清理、挖掘和转化，提高利用率。

（2）加强协作，推进开放创新。鼓励大型国有企业放开资源，依托原有产业优势发展相关产业，围绕主导产品开展专业化分工协作、服务外包，带动相关产业链条发展。完善创新合作机制，鼓励和支持民营企业与大型国有企业成立技术战略联盟，实施有效的产学研合作，推进开放创新，让不同类型和不同规模的企业在互惠共生的环境中提高创新能力，集中力量发展，形成围绕武汉优势领域协作配套的产业集群。

(3) 政府强化引导，鼓励成果市场化。政府通过补助政策促进企业进入科研单位，引导双方主动接触。例如，以低于市场价的方式，开放科研单位的测试设备，差价由政府给予的专项补助补足；政府在制定和落实职称、身份认定的相关政策中强化对成果转化效果的考核，例如转化一个成果，形成若干 GDP 的，可等同于若干篇相应级别文章，在企业转化成果的时间段内，保留事业单位身份等。

(二) 强化信息的定向推送与互动

(1) 加强信息推送，提高供需有效性。成果转化实质是需求和供给信息“征集—筛选—过滤—定向推送—碰撞—协调—合作”的全链条过程，信息的流动和有效对接是决定转化效率的关键因素。通过建立专门通道，形成定向推送机制。根据信息的前期分析，合理选择推送范围和对象，采取网络发布、短信平台、项目推介等不同渠道定向推送，让有需求的企业能及时、便捷地得到相关信息，让科研单位各方面的成果能得到更大范围的宣传和展示，给双方提供选择性合作的机会。同时，建立科技成果转化人才培训的长效机制，培养一批既掌握专业知识，又了解市场规律，综合协调能力强，具有主动服务意识的复合型人才，对信息进行专业的预加工和筛选，促进和提高需求和供给的有效对接。

（2）加强信息互动，促进产学研结合。一方面，政府各部门和中介组织要主动深入企业和市场，掌握第一手的需求信息，并将科技、人才、金融、项目、政策等信息资源进行综合集成、发布、推送、共享，促进创新资源的合理流动。引导在汉高校和科研院所的科研基础设施和大型科学仪器设备、科学数据、科技文献等公共科技资源进一步面向企业开放；鼓励社会公益类科研院所为企业提供检测、测试、标准等免费或优惠的服务。另一方面，通过公共信息资源互动，鼓励各种机构、人才、信息、中介等都能围绕产学研合作开展服务。鼓励高校、科研院所按照企业“订单”来确定研究课题，开发创新成果；引导高校、科研院所和企业在市场经济引导下，组成共同参股或相互持股的经济实体，联合建立各种中试基地和研发平台；加强高新技术产业开发区、科技示范园区、留学生创业园等公共服务支撑体系建设，发挥其在科技成果转化过程中的孵化、示范和推广作用。

（三）强化中介平台的利用效率

（1）整合各类资源，提升服务功能。一是要打破各类中介平台的管理界限，进行资源优化整合，如财政、科技、经信、商贸等部门的服务平台，实现资源的互通、共享和联合，并将转化过程中所有要素资源进行筛选甄别，确保所发布信息的有效性和真实性。二是研究和掌握企业和客户需求，结合自身优势和行业特点，准确定位发展空间，制定发展战略，培育核心业务，打造自身发展品牌。三是鼓励科技中介平台与社会性专业服务机构分工合作，集聚实力优势，实现强强联合，增强协同服务能力和工作效率，打造专业的科技中介服务网络。只有将科教资源、人才资源、企业资源、金融资源、市场资源等进行集成性融合，并服务于资源转化的各个环节，形成全方位、无障碍的转化链条，才能建立从源头到现实生产力、经济效率的快车道。

（2）建立市场化机制，激发平台活力。一是使用政策杠杆，对创新资源的提供方和使用方进行双向补贴，并对服务优质的公共平台和中介组织予以奖励，同时引导社会资本和企业参与投资建设专业服务平台，并稳定其收益渠道，使之成为公益性组织的有力补充。二是加大品牌宣传和价值积累，从个体案例做起，逐步发展到服务一个区域、一个产业，在武汉形成开放性、公益性、专业性、权威性、品牌号召力强的中介服务平台，使之真正成为各种创新资源、创新要素进行传递、交汇的中间组织，协助企业主体与科研机构共同达成创新目标。三是打破行政和区域垄断，用开放的心态促进成果流向最能体现其价值的领域，并通过市场的竞争淘汰机制，培育多元化的科技中介服务主体，多角度凸显武汉科教优势，吸引更多资源向武汉汇聚，使武汉成为科技、人才、金融、中介服务的集散地和流通中心，并带动相关会展、商务等产业的发展。

四、结语

在我们现有优势的基础上，进一步加大创新资源的综合集成和信息推送，促进其转化，是我们从事科技成果转化工作人员的重要职责，也是全社会共同努力的目标，让我们将智慧和力量都凝聚到创新发展上来，用更好的创新资源支撑武汉市国家中心城市的建设。

参考文献

[1] 李燕萍,吴绍棠.武汉市战略性新兴产业发展的公共创新服务平台研究[J].科技进步与对策,2012,29(2).

[2] 高庆新,车铁,于晓敏.构建技术转移创新体系促进中小企业成果转化[J].科技管理,2012(8).

[3] 姜琴,吴铮悦,季春.关于技术转移模式和影响因素的理论梳理[J].科技和产业,2012,12(10).

[4] 李友华,韦恒.科技成果推广转化绩效评价理论与方法研究[M].北京:中国农业出版社,2008.

[5] 潘昕昕,熊明,贾建平.湖北省促进科技成果转化的科技金融支持机制及启示[J].中国科技投资,2011(3).

[6] 孟阳,陈向军.武汉民营科技企业发展存在的问题及对策思考[J].现代商贸工业,2008,20(3).